普惠时代幼儿园的
招生之道

韩丽梅◎著

中国水利水电出版社
www.waterpub.com.cn
·北京·

内 容 提 要

拥有幼教行业三十年实践经验的韩丽梅女士在幼教行业面临普惠时代政策的转折时刻，根据幼教行业几十年的演变过程和个人的丰富从业经历，为幼儿园的投资人、管理者提供了关于新时期招生的政策解读、应对方法和实操工具，并给未来发展建立了一个全新的坐标体系和实操方案。

图书在版编目（CIP）数据

普惠时代幼儿园的招生之道 / 韩丽梅著 . —北京：中国水利水电出版社，2022.9
ISBN 978-7-5226-0611-8

Ⅰ . ①普… Ⅱ . ①韩… Ⅲ . ①幼儿园—招生 Ⅳ . ① G617

中国版本图书馆 CIP 数据核字 (2022) 第 125840 号

书　　名	普惠时代幼儿园的招生之道 PUHUI SHIDAI YOU'ERYUAN DE ZHAOSHENG ZHI DAO
作　　者	韩丽梅　著
出版发行	中国水利水电出版社 （北京市海淀区玉渊潭南路 1 号 D 座　100038） 网址：www.waterpub.com.cn E-mail: zhiboshangshu@163.com 电话：(010) 62572966-2205/2266/2201（营销中心）
经　　售	北京科水图书销售有限公司 电话：(010) 68545874、63202643 全国各地新华书店和相关出版物销售网点
排　　版	北京智博尚书文化传媒有限公司
印　　刷	北京富博印刷有限公司
规　　格	148mm×210mm　32 开本　7.5 印张　140 千字
版　　次	2022 年 9 月第 1 版　2022 年 9 月第 1 次印刷
印　　数	0001—5000 册
定　　价	59.80 元

凡购买我社图书，如有缺页、倒页、脱页的，本社营销中心负责调换

前 言

幼儿教育是人生经历的第一次教育，对一个人的影响颇深。

转眼间，幼教行业已进入普惠时代这一产业鼎革的时代，我们既要仰看风云变幻，也要低头耕耘沉浮。身行中间，专心求道，精术明法，方为正道。

作为从事过保教、后勤、招生、园长等岗位，历经公办幼儿园、民营幼儿园、外资幼儿园、集团幼儿园的幼教行业老兵，对于幼教行业几十年来的发展变化，我历历在目。

诚然，幼教行业是一个平凡的服务行业，回首三十多年的职业生涯，风尘仆仆，地北天南，看过无数浮生奔忙和盛筵散场。然念及当日所有之经历与案例，一一细推，觉其行止见识，虽有千般不同，万般无奈，却皆出于时代背景与行业大势，无人能逃脱。

而幼教行业，是一个以女性为主的行业，一众职业女性，要面对保教、安全、后勤、招生等工作，要在幼小的生命和残酷的市场间求生存、求发展。

所以，我鼓起勇气，在工作之余，将几十年来幼教工作的点滴经验与感悟编写成文。而幼教行业，千头万绪，终归要从市场开始。因此，开篇就来谈谈在幼教全面普惠的时代，如何把握住产业大变局，全面开展具有普惠时代特色的招生工作。

本书全系个人经历的记录与总结。观点如有偏颇，还望读者不吝赐教。如书中观点能对各位同人的工作有丝毫帮助，则是我之所愿。

作者

2022 年 4 月

目　录

背景篇　只有变化的行业，没有不变的经验

背 景 篇

**只有变化的行业，没有
不变的经验**

第一章
回首幼教行业变迁

第一节　站在产业的角度看幼儿园

幼儿园招生是一个老生常谈的话题，但既然我们要讲普惠时代的招生，就要跳出传统意义上的所谓的招生技术、技巧，站在产业和时代的角度上，去看待普惠时代的招生工作。

一、激情燃烧的托儿所年代

在新中国成立之后，幼儿园行业可谓是经历过沧海桑田式的变迁（见图1-1）。

图 1-1　中国幼儿园行业的发展历程

新中国成立之初，幼教并不能称为幼教产业，而只能称为幼教行业。

那个时代，幼儿园的正式名称是托儿所，基本上只针对城镇厂矿职工，其建设的目的是保证职工有足够的时间工作。在当时，幼儿园行业是行政化的体系，与市场完全没有关系，因此，也不存在招生的问题。

这种模式虽然传统，但至今在国内仍然有少量存在。例如，在我国的重点大飞机型号运 -20 研发攻坚的阶段，当地的幼儿园就推出了针对飞机研发团队的全托服务，打出"型号交给你，孩子交给我"的标语，以此解决研发、生产人员的后顾之忧。

这种模式虽然对现阶段整个行业的借鉴意义不大，但也从另一个侧面说明幼儿园基本的保障与服务功能依然是这个行业存在的价值，这类幼儿园的招生的生源，基本上是本系统职工的子女。

二、幼儿园市场化的黄金期

幼教行业进入市场化，经历了十多年的混沌与徘徊，直到 20 世纪八九十年代的改革开放初期，幼教行业才开始进入全面的变革期。

这一阶段，我国因为改革开放，人员开始相对自由地流动。原本不在托儿所服务范围内的全社会上大量的幼教需求，从潜在需求变成了不可或缺的需求，短时间内快速增长。而国家当时不可能全面地顾及幼教这一领域，所以，就针对幼儿园行业严重的供需矛盾，进行了全面的市场化改革。

通过改革，一方面在理念上实现了从托儿所向幼儿园的转型，从业人员从阿姨变成老师，这是从幼儿托育向幼教转型的一个重要标志。另一方面，在体制上，有了市场化的运作机制。除城镇职工以外，幼儿园行业开始面向全社会招生。诸如农民工、外企白领和民企员工的子女，这些非体制内的消费者开始分享幼儿园提供的幼教服务，这是一个市场井喷的年代。

例如，1996 年成立的金色摇篮幼儿园、1998 年成立的大风车幼儿园、二十一世纪幼儿园、红缨的教育机构等，都是诞生在这个变革阶段，依托于当地的市场需求发展起来的一批明星幼儿园。

这一阶段不愁招生。受经济发展水平所限，当时的消费能力普遍偏低，所以，这一批幼儿园普遍定位为中低端。其发展则以采用连锁、加盟的模式快速扩大规模，在市场上跑马圈地为主。这一时期的幼儿园行业，已经可以称为产业，因为已经进行了市场化的运作，其主要缺点是幼儿园的总量不足。这一时期是幼儿园行业的创业黄金期。

三、从疯狂的市场转向普惠

进入 21 世纪以后，因为强大的市场力量，幼教产业又出现了非常大的变化。

首先是幼儿园市场总量不足的问题，通过市场化的手段，迅速得到缓解。各种连锁园、民办园见缝插针式地办园，由于生育率降低，幼儿园的市场呈现买方市场的格局。另一方面，在经济快速发展的同时，社会的阶层开始出现分化。

在改革之初，大家的生活水平普遍差距不大，无非是谁的家境好一些而已，而 21 世纪之后，在总体收入水平上升的同时，不同阶层的差距开始扩大，幼儿园市场也迅速分化，针对进城务工人员的低端园，针对高收入阶层的高端园、国际园、双语园等，开始迅速出现，并且在各自的细分市场自由发展。

幼儿园竞争的加剧和幼儿园分层的出现，使得幼儿园市场的竞争迅速进入一个基于理念先行、资本助推和产业扩张为特点的野蛮生长时代，这又反向地加深了家长的起跑线焦虑。

有的幼儿园引进、对标国际先进理念，实现高质高价，如伊顿的蒙氏教育，便引进了国际化的幼教理念；再如诺博幼儿园，是由美国哥伦比亚大学教育学博士回国创业，实现新三板上市，在金融和幼教全产业链上发力。

而传统的连锁幼儿园也开始考虑资本运作和产业链延伸，如红缨，与儿童用品生产商威创股份合作，不仅实现了借壳上市，而且开始在产业链上扩张。凡此种种，又使得那些原本定位模糊、特色不突出的幼儿园进一步陷入招生困境。

于是，普通的幼儿园也迅速开始追求特色化、高端化，无论其是否真的具有特色和能力，都要先亮出一面特色、高端、国际化的旗帜，这样一来，又让幼教市场进一步混乱，造成了一系列深层次的矛盾。

与此同时，在幼教产业野蛮发展的十年里，我国的经济实力快速增长，开始有能力从国家层面反哺幼教产业。于是，我国的幼教政策，就迅速进入了一个全新的时期——普惠期。

第二节　纯市场化格局下的幼儿园

一、幼儿园市场的研究模型

纯市场化的幼教产业，产生了各式各样的矛盾，使我们国家毅然决然地转向了普惠政策。

工具是分析的基础。首先，我们使用一个从 GE 矩阵演化而来的幼儿园产业的研究模型。这个模型旨在研究幼儿园在幼教产业中的位势，以及由此所要采取的战略措施（见图 1-2）。

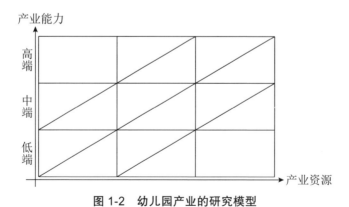

图 1-2　幼儿园产业的研究模型

该模型从产业能力和产业资源两个维度对幼儿园进行研究。该模型纵向的维度是幼儿园产业能力。所谓能力，就是指幼儿园在自己的业务领域，有哪些特长、优势，包括（但不限于）较高的办园能力、精细化的运营能力、特色教学能力及品牌管理能力等。这决定了幼儿园的办园水平和营收能力，也是幼儿园的产品力和基于产品力的扩张力。

该模型横向的维度是幼儿园产业资源。所谓资源，就是指幼儿园在幼教产业内拥有哪些能够使自己更具竞争力、更具产业支配能力的产业资源。例如，幼儿园有强大的投资商或融资渠道，即资金实力；幼儿园与产业集团混业经营，就拥有天然的选址和客户群体，这是区域扩张力甚至是垄断能力；公立的优质幼儿园拥有强大的政策优势，类似这些，我们称为产业资源。

在以产业能力与产业资源为坐标的二维模型上，可以清楚地看到不同幼儿园的产业位势，这为分析纯市场化十多年来幼教产业的发展提供了一个直观的工具。此工具仅作为分析的参考依据，后面所提到的幼儿园本身并无高下之分，任何幼儿园（企业）都可以通过对自身的资源与能力进行最优的组合，从而制定符合自身的发展战略和业务模式。

任何行业中都是既有强者又有弱者的，但孰强孰弱，一是在于企业的选择，二是在于市场的认可，只不过是"仁者见仁，智者见智"罢了。

二、纯市场化背景下幼儿园市场的格局

我们使用这个模型，选取一些不同类型的幼儿园进行分析，来描绘出纯市场化背景下的幼儿园产业的现实格局，如图1-3所示。

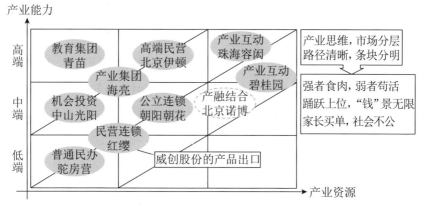

图1-3　幼儿园产业格局图

在坐标左下角，是能力与资源双重缺失的低端园。以北京的普通民办驼房营某幼儿园为例。这类幼儿园往往有自己的基本客户群体，招生视实际情况而定。在一些农民工较为集中的区域，这些幼儿园的招生情况往往还不错。但是，这类幼儿园如果想在产业能力上进行提升，也就是向中端园提升，受制于品牌、收费和人力资源，上行的阻力非常大。

而从产业资源上看，它们往往因为证照、资质等问题，游走在产业边缘，即使政府对幼儿园产业的支持力度不断加大，在获得政策支持的优先级上也相当靠后。对于企业而言，这些幼儿园很难与企业在业务上形成协同，从而去完善产业链、价值链等，所以这类幼儿园想通过企业的支持，获得产业资源，也非常困难。因此，这类幼儿园处于产业格局的最底层。

成立时间比较早，定位偏低的民营连锁红缨幼儿园，虽然加盟园比较多，但是品牌的提升非常困难。红缨幼儿园也在产业链的横向进行了延伸，向幼教服务、用品、器材与课程等领域发展，并且通过被威创股份（威创是著名的婴幼儿产品生产商）收购的模式进入资本市场。

因此，目前，战略投资人进入幼儿园产业时，除非迫不得已，鲜有人将幼儿园定位为低端园。公立幼儿园，除极个别特例外，也基本都定位为中端园。

坐标左侧的中山市光阳幼儿园，是一个纯粹的行业外投资人进入幼儿园领域的案例。虽然该园的办园水平一般，但是投资人颇为大方，在中山市的繁华地段，租赁原售楼处场地，改建幼儿园。

该园打造了豪华的形象，虽然能力略逊，但即使是硬扛，也要打着高端园的大旗（真实水平是中端园），而且因为该园是纯外部投资者进入，也鲜有产业延伸能力。因此，其在整个产业中，属于略有能力而无资源的一类，产业位势仅高于民办低端园与民办低端连锁园。

坐标位于正中的朝花集团，隶属于北京朝阳区职业教育教产合作促进中心（该中心是朝阳区教委直属事业单位），是受朝阳区教委委托举办的公办委托普惠型幼儿园，是朝阳区学前教育体制改革的试点基地，在北京市朝阳区肩负着探索模式的使命，很显然，朝花集团既不可能去建设低端园，也不可能脱离广大群众去办豪华的高端园，因此，也只能定位为中端园。

朝花集团的主要资源，是朝阳区教委的政策性资源。可以说，朝花集团定位清晰、发展均衡，在能力与资源上都处于均势，是真正的中端园的代表。

朝花集团的右侧，是北京诺博幼儿园。该园是依靠幼儿园的加盟和运营实现了新三板上市的产融一体化发展的幼儿园，但是因为金融政策的影响，目前这些幼儿园处于深度调整之中，我们暂且不提。

在坐标最左上角，是以青苗为代表的教育集团投资的高端园。青苗集团是民营高端教育机构，主打高端国际教育，幼儿园的招生只聚焦高端、国际化客户。在青苗集团的业务板块里，幼儿园与其他年龄段学生的教育机构是纵向一体化的合作关系，是业务链上的一环。

依托国际学校的教育资源和高端客户带来高收入，这类幼儿园的办园能力比较强。但是，也因为纵向一体化的模式，产业资源不是太丰富，幼教业务只是教育集团内部的一个板块。

坐标中青苗园的右侧，是同属高端园的伊顿幼儿园。该园只聚焦在幼教领域，不涉及其他年龄段的教育业务。除了直营、加盟外，也向其他幼教产品和子产业扩张，伊顿集团的产业资源能力高于青苗这类纵向一体化的幼儿园。

在坐标的最右上角，是依托房地产商，实现了教育产业与房地产等产业协同发展的产业互动型幼儿园。目前国内排名前50的房地产商，基本上都以全资子公司、控股、事业部等形式投资了教育，一半以上将教育产业列为转型创新业务的重点。

这类幼儿园在房地产企业的支持下，资金实力相对于靠自身盈利的幼儿园，要强大得多，而且这类幼儿园也不受国家对教育产业的金融政策的影响。房地产企业为了实现房地产产品的溢价，也强有力地支持其旗下的幼儿园办出品牌、办出特色、办出档次。

在房地产政策和市场环境发生重大变化的当下，房地产企业如果想继续生存、发展，加强以幼儿园为代表的教育能力，从而增强企业的整体服务能力，无疑是一个重要的发展方向。

而从政府层面来看，其受益于房地产企业的投资，往往也会给这类幼儿园提供强大的政策支持。因此，这类幼儿园在市场上可谓尽获先机，既有足够的资源，也能够在强大的资源支持下，引进高水平的人力资源，快速提升办园水平。

三、纯市场化背景下幼儿园市场弊端凸显

在分析纯市场化背景下中国幼儿园行业的基本格局后，我

们才能发现当前幼儿园行业出现的问题，也才能明白国家力推普惠政策的必要性和长期性，也才能理解国家近期大力度推动各类幼儿园转普惠园的出发点。

在纯市场背景下，幼儿园行业呈现出四个基本特点。

第一个特点是产业思维。教育是人民最大的福利，是国家最大的民主。第二个特点是分层严重。不同档次的幼儿园，让孩子在进入社会的第一步，就区分出阶层，容易造成社会的阶层固化，这非常不利于社会的公平和进步。

而当前的第三个特点，则是每一个幼儿园都有清晰的发展路径，那就是提高自身的定位，由此整合更多的产业资源，如此循环，不断发展。最后一个特点，那就是条块分明。高端园、中端园、低端园之间基本不会有竞争，至多是在二者衔接的地方会有一小部分竞争。

因此，所谓幼儿园招生困难，本质上是幼儿园自身水平所限，每一个幼儿园的内心都有向上的动力和欲望。

在这种情况下，幼儿园行业呈现出强者食肉、弱者苟活的状态，大家都踊跃上位。幼儿园高端当然是好事，但非理性的高端，超过了社会平均承受能力的高端，都得由家长买单，这造成了社会的不公。在这种背景下，普惠政策，应运而生。

第三节 普惠是行业不可阻挡之势

一、普惠政策应运而生

纯市场化导致的幼教产业盛宴，在业内人士看来，也许是一场狂欢，但对于全社会来说，则并非幸事。国家也清楚地看到了行业的种种问题，因此，提出了以普惠为核心的一系列行业政策。

从社会深层来看，我国作为社会主义国家，最终要实现共同富裕，国家在财力允许的情况下，通过财政的支持，实现包括幼教在内的基础教育的机会均等化，这是由我们国家的性质决定的，毋庸置疑。

在教育领域，纯粹的市场化发展阶段注定只是阶段性的。国家给每一个家庭、每一个孩子的教育机会都是公平的，可以最大限度地保证社会阶层的有序流动，是最大的人权，这是社会长治久安的保障。

由此，国家在学前教育领域，开始谨慎和坚定地推广普惠政策。一个全新的时代即将来临。

二、普惠政策元年——2010 年

综观我国普惠性幼儿园的制度化进程，可以清晰地看出三个阶段性变化。

第一阶段是普惠性幼儿园制度的萌芽期（2010 年）。2001 年 12 月 11 日，我国正式加入世界贸易组织，成为其第 143 个成员。由此，经济发展进入快车道，对于教育的投入开始逐步增加。入世仅仅十年，即到了 2010 年，国务院就颁布了《国家中长期教育改革和发展规划纲要（2010—2020 年）》（以下简称《教育规划纲要》）。

《教育规划纲要》不仅首次将学前教育纳入城镇、社会主义新农村建设规划，并且明确提出，要建立政府主导、社会参与、公办民办并举的办园体制。大力发展公办幼儿园，积极扶持民办幼儿园。

同年，国务院又提出了公益性和普惠性的学前教育总原则，即在《国务院关于当前发展学前教育的若干意见》中，首次使用"普惠性民办幼儿园"这一概念。这是学前教育发展的指导性总原则。同时，普惠性民办幼儿园的概念，则是在政府财力不断加强，但又无法快速实现以公立办园为主的情况下，解决高收费问题的一个过渡性方案。

总的来说，2010 年的一系列政策，是学前教育的总纲领，其原则、方向一定会主导未来行业的发展方向。我们将这一年称为学前教育的普惠政策元年，其标志就是《国务院关于当前发展学前教育的若干意见》的印发。

三、普惠政策的五年探索

第二阶段是普惠性幼儿园制度的探索期（2011—2016 年），其标志性事件是第一期学前教育三年行动计划（2011—2013 年）和第二期学前教育三年行动计划（2014—2016 年）的实施。

2011 年，《北京市学前教育三年行动计划（2011—2013 年）》中首次使用"普惠性幼儿园"这一更为广义的概念。自此，我国普惠性幼儿园制度从政策层面走向实施层面。在探索阶段，几个关键动作预示着普惠政策将是未来大势。

（1）探索全国不同地区的普惠模式，开展各地的试点工作。教育部成立了专门的课题组，在东部、中部、西部、东北部四大地区选择了 22 个区县，开展普惠性民办幼儿园扶持机制的探索性研究，重点围绕"政府购买服务、减免租金、以奖代补、派驻公办教师"等政策进行试点。

在试点基础上，教育部实施"全国学前教育改革实验区项目"，进一步扩大实验范围。在此基础上，形成既要考虑地区差异，又要有标准的全国性的推广方案。

（2）探索普惠政策的资金保障模式。2011 年，由财政部、教育部出台了《关于加大财政投入支持学前教育发展的通知》

（以下简称《通知》）。

《通知》强调了"坚持公益性和普惠性，构建覆盖城乡、布局合理的学前教育公共服务体系"这一政策目标，提出"采取政府购买服务、减免租金、以奖代补、派驻公办教师等多种方式，引导和支持民办幼儿园提供普惠性、低收费服务"。中央财政安排"扶持民办幼儿园发展奖补资金"，根据各地扶持普惠、低收费民办幼儿园发展的工作实绩给予奖补。

（3）庄严承诺。2015 年，我国参加了由联合国教科文组织召开的日中韩文化部长会议，并加入了《教育 2030 行动框架》，向全世界承诺在中国"实施学前一年要免费，所有儿童在 2030 年前要获得高质量的保育教育"。

四、普惠政策的瓜熟蒂落

第三阶段，2017 年到 2020 年可以称为普惠政策的相对成熟期，其标志性事件是第三期学前教育行动计划（2017—2020 年）的实施以及《中共中央 国务院关于学前教育深化改革规范发展的若干意见》（2018 年）、《县域学前教育普及普惠督导评估办法》（2020 年）的颁布。

在这一阶段，几个数字是行业的主导指标。普惠性幼儿园覆盖率（公办幼儿园和普惠性民办幼儿园在园幼儿数占在园幼儿总数的比例）达到 80% 左右。自此，80% 的普惠性幼儿园覆盖率既成为政策目标，也成为行动指南。同时，还大幅度提高了公办园的比例，原则上，公办园的比例要达到 50%。

回首普惠三部曲，国家对学前教育已经给出了非常明确的方向和量化的指标。普惠路径也非常清晰，从理论的提出，到政策的成型，到全国的试点，到经验的总结，到一步步推广，可以看出，普惠是行业的潮流，不可逆转。只有顺势而为，才能大有作为。

每一个园的招生工作也必须从纯粹的市场化、产业化，甚至金融化的思路上，扭回到普惠时代，去寻找普惠时代的学前教育的发展理念。注意，我们所说的理念是指行业发展的理念，并不是教育理念，这一点必须分清楚。在这个理念的基础上，再去寻找幼儿园的价值点和市场的需求点，实现新时期理论与实践的再对接，从而指导我们的招生工作。

未来，普惠政策只会更加完善、更加可操作。对于有量化指标的工作，政府也一定能够完成，因此，身在其中的各个幼儿园，以及所有从业者要抓紧时间，看清普惠造成的市场鼎革，谋定而后动。

五、普惠政策下的行业新格局

之所以用很长的篇幅讲了幼教市场的格局，以及政策对幼教市场格局的影响，其实就是想说明，普惠政策对幼儿园的市场工作、招生工作所造成的影响，绝不仅是政府干预了价格这样简单，普惠从整体上真正地颠覆了原有市场的格局（见图1-4）。

图1-4　普惠政策下幼儿园行业的新格局

（1）传统上，不同幼儿园相对来说是层级明显的。虽然大家都有强烈的上位愿望，实现高质高价，但是阶层的流动毕竟不是朝夕完成的，在特定的时间内，幼儿园的招生工作，主要是在特定区域内，在定位相同的幼儿园之间进行竞争，不同定位的幼儿园基本上"井水不犯河水"。

但在普惠政策实施之后，学前教育原有的分层格局被打破。依托各地的普惠政策，各地将形成以公立园和民办普惠园为主体、高端园和低端园居两端的纺锤形结构。在每一个小区域内基本上均是如此。最终，各个区域内的幼儿园的教学质量将逐步趋同，这凸显了我们追求的社会公平性和共同富裕的目标。

（2）传统上，在普惠时代，幼儿园变成了一个费用中心。费用中心的职能是：在既定的费用下，尽可能地实现、提供最优质的服务产品。

在普惠初期，传统的高端园转型为普惠，携品牌余威，对传统的中低端园有降维打击的效果，但受制于费用，普惠园最终会出现内卷，大家在办园质量趋同的同时，也会放弃一些感性的变革创新欲望。最终会在一个小区域内，形成若干普惠园的选秀式的搏杀。

在转型的过程中，普惠的中高端园如何继续占据、延续品牌优势，从而在未来的市场结构中占据优势？普惠的中低端园，如何借此天赐之机上位？而继续保留非普惠的幼儿园，在普惠园强大的性价比竞争力和政策的加持下，在家长越发理性的背景下，如何保持自己真正的高端属性？学前教育里其他形形色色的机构、组织，在普惠时代又何去何从？这都需要我们认真研究。而这一切，又回到幼儿园经营者最关心的问题：招生问题。

第四节　以北京望京为例谈普惠前后的市场格局变化

一、高端引领、层级明显的市场化时期市场格局

为了让大家能够更深刻地理解近年来幼儿园行业变革的尝试，我们以北京的望京为例，做一个案例研究。

北京的望京街道位于北京市四环以外的东北部，根据政府规划，望京将建成超大规模的街道，总规划占地16平方千米，总居住人口60万，相当于一个标准的中等城市，是北京几个商务副中心之一。

望京是一个极具代表性的区域，在这个区域内，除了政府、事业单位外，还有国企、民企、外企，有着大量的专业技术人员。

在这个区域内，有大量跨国公司的中国总部，如奔驰、宝马、LG、三星、西门子、松下等；有著名的互联网公司，如微软的中国总部、阿里巴巴的双总部之一、陌陌、美团、智联招聘、携程，如果算上紧邻的大山子区域，还有奇虎360等企业；有大专院校，如中央美术学院、中国中医药大学、中国青年政治学院等；周边还有各种艺术社区，如著名的798艺术区、酒

厂艺术区，芳草地艺术区也离此不远。

由于离首都机场较近，望京还是大量空港经济从业人员的居住区。另外，望京还是外国人，尤其是韩国人在京的重要聚集区，望京的商店标识几乎都是中韩双语，有专门的韩国超市、韩国人开的餐厅。望京的居民中，除了传统的公务员及事业单位人员外，演艺人员、企业管理者、外企职工、律师、医生、记者、教师较多，中产阶层比重较大，当然，望京也有很多外地来京务工人员。

望京地区居民总体呈现年轻化，对幼儿园的需求较为刚性。在这样的大环境下，望京正式登记的幼儿园共29家，在纯市场时代，望京的幼儿园呈现图1-5所示的分层格局。

国家队超然存在——份额约10%，名额难求 中建一局幼儿园、花家地幼儿园
高端园地位显赫——份额约25% 伊顿宝星园、启明、博识梦飞、师大附属幼儿园等国际双语园 （8000~12000元/月）
中高端特色鲜明——份额约25% 格顿双语、培基、二十一世纪（6000~8000元/月）
中端园价格取胜——份额约20% 刘诗昆幼儿园连锁、子乐（4000~5000元/月）
其他——份额约20% 小黑园、外国人办园、家庭托管、教培机构

图1-5 北京望京地区幼儿园的原有格局

首先，是国家队超然存在。如公立的中建一局幼儿园、花家地幼儿园等，虽然收费并不是最高的，噱头并不是最响的，但依然是当地居民的首选，这说明在教育领域，家长们对国家背景的认同度居于首位。但是因为公立园总体数量有限，在普惠前，公立园的市场份额大约只有10%，可谓是名额难求，需要摇号。

除公立园外，地位最为显赫的是高端双语园，比如以望京伊顿宝星园、启明、博识梦飞、师大附属幼儿园等为代表的定位于高端的国际双语园。这些园无论是区位、概念、品牌，还是师资和硬件，在望京地区都是顶级的存在，如望京伊顿宝星园就属于全蒙台梭利教育。该园几乎收揽了望京地区最高端的客户。

这些园收费很高，在普惠前几年，除伙食费外，每月收费在8000~12000元。这类园的份额大约能占到望京地区市场的25%，可见当地消费水平之高。

在此之下的，是收费在6000~8000元/月的中高端特色园。这个收费，同样不包括伙食费（以后我们再提到收费，均不包括伙食费）。这些园包括格顿双语、培基、二十一世纪等。这些园虽然和上面一类纯高端园无法抗衡，但也都在努力打造高端园的形象，并且也都有各自安身立命的独门绝技。

例如，培基采用了新加坡教学体系，其所有的中文教材、英文教材都来自新加坡；二十一世纪幼儿园有自己对应的学校，该幼儿园所属的教育集团业务包括了3~18岁的教育，以及针对国外高校的国际学校。所以二十一世纪幼儿园有自成体系的向上的出口，在望京这个小区域内具有独特性。这类园的市场份额约为 25%，也是普惠前望京市场份额最大的一类。

在望京地区，还有一类面向中低端消费能力的中端园。这些园基本上是以价格取胜。比如连锁的刘诗昆幼儿园就在望京地区有多家幼儿园，还有子乐等幼儿园。这些幼儿园月均收费在 4000~5000 元，大约占有 20% 的市场份额。

即便是处于事实上的市场中端，但这些中端园也有很强的上位意识。比如刘诗昆幼儿园，由钢琴演奏者刘诗昆先生创办与主理，主推音乐特色教育，在这一领域，非常有特色，一直在宣传自身的教育理念。

除此之外，还有大约 20% 的市场份额，被我们称为其他类的非正规幼儿园占据。例如，各种家庭托管机构，以及市场上大量存在的教培机构，可以在学前教育领域分得"一杯羹"。还要提及的是，望京地区的一个很重要的特色，那就是外国人办园，通常是以韩国人办园为主，这种情况也很复杂，但通常韩国人办园的收费水平比较低。

毕竟目前生活成本越来越高，当年来华工作、经商的韩国人，月入 1 万元就能让全家在望京过上体面的生活，但时过境迁，如今的望京早已不是曾经的"睡城"了，而是顶级的商务、生活中心区，韩国人或明或暗办的一些园，收费在望京地区反而属于低端。

望京这种普惠前的市场结构，非常清晰地印证了我们之前对幼儿园市场结构的判断，即公立园比例较低，以高端园为引领，市场分层分级，基本相安无事，但是总体上又都有向上跨越冲动的市场格局。这反映了在国家投入不足的情况下，资本，或者说战略投资人踊跃进入幼儿园市场，即通过市场这个看不见的手丰富了学前教育的市场供给，又造成了教育逐利、成本奇高、家长无奈的基本状况。

在这种背景下，在望京房价向 20 万元 /m^2 直追的情况下，谁也无法预料未来望京地区幼儿园收费会有多高。但是，这种格局，随着普惠的引入，被迅速打破。望京的幼教迅速进入了全新的格局。

二、普惠后幼儿园行业逐步形成橄榄形结构

在普惠之后，望京的幼儿园格局发生了颠覆性的变化（见图 1-6）。可以用四句话来总结。

一是公立园总量增加，职能归位；二是民营园大量普惠，职能换位；三是高端园依旧存在，外来补位；四是其他类数量锐减，职能替位。

所谓公立园的职能归位，是指在短期内，望京地区的公立园的市场份额增加了 15%，市场占比约 25%，增加了两所公立幼儿园，这个增长速度非常可观，但距离公立园占 50% 的目

标还差一半。因此，可以预见，未来公立园比重仍然会迅速增长，公立园将承担起幼教市场的主力军地位，这是公立园职能的回归。

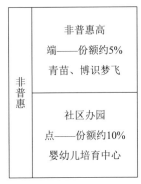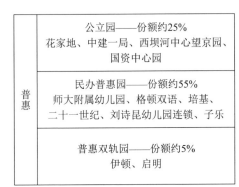

图 1-6 普惠后，北京望京地区幼儿园的新格局

所谓民营园的职能换位，是指在普惠之后，除了博识梦飞这样的非配套园依然坚持非普惠收费、走高端路线外，其他民营幼儿园，包括伊顿、启明等原有的高端幼儿园几乎全部普惠，哪怕伊顿、启明等通过一些措施，还在双轨运营，但本质上，民营园已经实现了普惠，从追求市场价值最大化的利润中心，变为既定成本下的费用中心，提供相对合理的价位的服务，这是民营园的职能大换位。

所谓高端园的外来补位，是指望京地区特殊的消费结构，导致了对高端幼儿园的需求客观存在，尤其是一些外企、外籍人员，他们的孩子是以接受国际教育为目的的，所以需要上国际学校。因此，北京著名的青苗学校在此时极具战略性地进入了望京的教育市场，其中就包括了高端幼儿园。这种高端教育机构的适时补位是市场机制的灵活体现。

而其他类的职能替位，是指在普惠后，幼儿园根据北京市教委的要求，收费有了极大的降低，每个孩子 1500 元 / 月的费用，已然能够覆盖广大中低收入家庭，因此许多无证照的小黑园、家庭托管中心已经失去了生存的空间。而国家对教育机构的整顿，也将一部分非法机构清理出市场。

在这种情况下，传统的非正规园几乎团灭。只有一些社区办园点存在，为一些有个性化需求的家庭提供服务。

目前，望京幼儿园之间的竞争，虽然还存在不同层面、不同档次的竞争，尤其是在高端园力图扩大招生的情况下，但主要的招生竞争，已经是总份额占 80% 的公立园和民营普惠园之间的招生竞争了，这占据了市场的绝对主体。

具体来说，当前市场的核心竞争，就是这些已转普惠园的民办园，如何在定位发生重大变革的情况下，守住自己的基本盘，再向别人的传统市场去延伸，哪怕一点点。

当然，不同定位的幼儿园的想法各异，原有中端园想借机上位，拉平与高端园和公立园的品牌形象。而高端园则想在保住品牌形象和基本盘的同时进行降维打击。新设立的公立园，虽然自带体制光环，但由于是新办园，也要考虑如何打消家长疑虑的问题。总之，望京的幼儿园市场，通过普惠政策进行了全新的洗牌，几乎一夜之间，就进入了"战国时代"。

第二章
新时期有全新的价值取向

第一节　普惠时代重审幼儿园价值

一、普惠前非理性消费已接近疯狂

也许会有人说，格局变了，幼儿园跟着变，任何时候，市场都会有竞争，无非是换个竞争者，兵来将挡而已。这句话既对也不对。我们确实要保持良好的心态，去面对新的竞争，但是，要知道，市场上没有无缘无故的变化。

我们在参与到新的竞争前，必须要明白这种变化的本质是什么，要明白在新的格局、新的竞争背景下，竞争的关键点在哪里。否则，采取的措施，就可能是隔靴搔痒，甚至可能是南辕北辙。

在普惠带来新格局后，整个幼儿园行业的竞争，从概念导致高质高价，再导致家长极端焦虑，形成一种虚荣的非理性市场，变成了普惠政策下相对理性的、公平的，且能够回归教育初心的理性市场。这二者是有本质区别的。我们必须抓住这两种不同的市场类型，才能在普惠时代的招生市场竞争中站稳脚跟，有所作为。

在普惠之前，高质高价是幼儿园的基本发展路径，而高质则要由概念引领。一个高大上的幼教理念，不仅可以满足家长不让孩子输在起跑线上的需求，还可以带来极大的虚荣，刺激攀比。而幼儿园也可以在这个大概念下，创造无数的消费项目，可谓是"大树底下好乘凉"。

一般来说，高端的幼儿园都有自己的幼教概念。为突出高质高价，这些概念通常都不是本土概念。很多国外的教育体系漂洋过海来到中国，如华德福、多元智能、蒙台梭利、EYFS（英国）、高瞻（美国）、福禄贝尔、瑞吉欧（意大利）……我们承认这些幼教理论都是幼教发展过程中里程碑式的成果，很有引进意义。

但是，这些国际幼教理论是要产生费用的。不光引进费用很高，培训费用也很高，还必须要有外教，还要产生更多的幼儿英语课程，如牛津树、外研社、洪恩英语等。

除此之外，还必须有培训，即必须对老师进行相应的培训。仅以蒙氏为例，其 AMS、AMI 证书是 5 万元人民币起步，这还不包括课程引进。如果引进课程，至少需要几十万元。所有这些，都需要由家长来买单。

这些教育理论，有的主打自由、有的主打规则、有的主打快乐，每一个理论体系听起来必然都足够高大上，足以迎合家长的需求，满足家长的虚荣心，也足以制造更多的攀比行为，产生更多的焦虑。

在幼儿园的软件里，还有一个重要的成分，就是外籍老师。

对于家长而言，你家孩子有外教，我家孩子怎能没有？你家孩子幼儿园标配外教，我家孩子的外教怎么能是兼职？且不论外教水平如何，有没有工作经验，有没有受过专业培训，动辄每月两三万元的薪酬，也是要由家长来买单，而家长还不亦乐乎。

我国近两年才有了幼儿园外教的相关规定，在此之前，没有本科毕业、商务签证的要求，普通的留学生都可以兼职外教。可绝大多数家长花在外教上的教育支出能买到什么？面子而已，抚平焦虑而已。

上面说的只是软件，而理论的落地要有硬件保证。由此带来的硬件的堆砌，无限拔高，更是让幼儿园的成本水涨船高。例如，多功能教室中的小厨房、木工房、美术教室、陶艺坊等，这些对于目前的中高端幼儿园来说，绝对只是标配。哪个幼儿园没有几架钢琴，已然不好意思面对家长了，所以几架品牌钢琴也是标配。

各种教育理念、理论需要与相应品牌的教具、家具搭配。例如，粉红塔是蒙氏的经典教具，其要求极为严格，教具的体积大小都按照教育理论的要求，严格地递减，从大到小递减，直到不足一厘米，确实是非常科学、非常严格的。

但是，这些教具的价格也不低，几千元人民币一套，而且还有严格的知识产权保护，哪怕丢了其中任何一个小部件，就必须要重新购买。这些，最终也都是家长来买单的。

为了堆高这些概念性的噱头，创造收费的理由，幼儿园又不得不增加特色课程。现在一线、新一线城市，如马术、击剑、游泳、高尔夫、网球这样的课程才算是能够得到家长的青睐的，而十年前流行的诸如跆拳道、武术、绘画、创意美工、幼儿烹饪等课程，已经被边缘化，只能主打于三、四线城市。当然，高大上的课程，贵族化的课程，最后还是要由家长买单。

在幼儿园中，有各种各样的节日活动和生日活动。对于生日活动，通常是按月过，至少每月举办一次生日活动。一个幼儿园一个月至少有几次大型活动，都是由家长买单。由此可见，在传统上，幼儿园的发展、招生，都是用这些显性化的手段，彰显办园品质，以此来刺激家长消费。

这明显已经背离了幼教的核心理念，人为地为家长制造了一种非理性的幼教理念和非理性需求。

本来，幼教只是一个"工具包"，能满足儿童成长、学习、快乐即可，可是在纯市场环境下，通过全体幼教行业人员和家长的共同努力，最终将学前教育打造成教育界的"LV"，附加了无数的虚荣。并且是谁附加得多，谁附加得好，谁就通吃。

在这里，我们要澄清一点。我们并不反对国际上优秀的教育理念、理论，如华德福、多元智能、蒙台梭利、EYFS、高瞻、福禄贝尔、瑞吉欧等。这些理论在国外都有非常成功的实际应用，都是对幼教理论和实践的发展有重要支持的教育体系、流派。

但是在我国，很多引进这些理念的幼儿园并没有真正去落实这些理念和理论。这就如同很多企业都通过了 ISO 9000 等认证，并且大肆宣传，但在实际工作中，真正贯彻 ISO 系列的企业极少。

所以，普惠后，消费者和幼儿园都在重新审视幼儿园的价值，如图 2-1 所示。

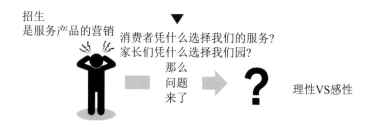

图 2-1　普惠后，消费者和幼儿园都在重新审视幼儿园的价值

二、普惠后学前教育总体回归理性

在普惠政策全面推行之后，从表面上看，幼儿园市场的格局发生了根本性的变化，但从本质上看，幼教服务从产品的角度、从营销的角度讲，其本质属性发生了根本性的改变。

普惠政策全面推行之后，快速将已经呈现出无限上涨趋势、攀比趋势的幼儿园收费划出上限，各地政策、标准虽然不尽相同，但是，从总体上看，国家会承担更多的幼教职能，成为主流的学前教育服务提供方。

而国家主导的学前教育一定是一个理性的、回归幼教根本需求和初心的模式，这对原本的纯市场化的非理性、攀比式的学前教育是一种根本性的否定，这是一个强制回归理性的措施。

在这种情况下，幼教服务迅速地变成了实用的"工具包"，幼儿园和家长开始关注幼儿园教育本身的使用价值而不是心理的、虚荣的，甚至是焦虑的溢价。幼儿园在面对新的竞争格局时，也必须以此为基础指导，去调整幼儿园的策略。

幼儿园要认真思考以下问题：

（1）消费者凭什么选择我们的服务？

（2）家长们凭什么选择我们的幼儿园？

（3）我们的幼儿园能为家长、为孩子提供哪些核心的服务和价值？

（4）我们的幼儿园有什么超出别人的延伸服务价值？

在普惠时代，幼儿园要把功夫用在幼教的根本上，在招生过程中彰显幼儿园在幼教的根本价值上的核心能力，用幼儿园的核心价值去赢得客户、赢得家长，这才是普惠时代的招生市场的正道、王道。

试图用概念，用非理性的冲动和焦虑去引导家长，实现招生，是一条不归的邪路。而那些只是想用一些小招数、小手段、小便宜就赢得招生的，只能是无源之水、无根之木。

第二节　普惠时代招生的基本逻辑

一、招生发力是普惠前幼儿园的破局之点

我们从普惠带来幼教市场格局的变化，讨论到幼教市场、招生性质的变化，是要为普惠时代的招生建设一个具有共识的背景环境。那么，在非理性消费到理性消费这种巨大转变的背后，对营销，也就是对招生的逻辑产生了哪些影响呢？我们认为，这会产生招生逻辑的根本性转变。

图 2-2 左侧是传统的营销，也就是幼儿园招生的逻辑。在这个逻辑下，招生，也就是营销的发力，是一切工作的前提。一个幼儿园，依靠市场营销，也就是招生的成功，可以影响和锁定客户，在根本上压缩竞争对手的生存空间和利润空间。

幼儿园有很大的区域性，这种性质类似于加油站、便利店，服务于特定区域内的客户，这种性质使得招生工作尤其明显地显示出此消彼长的特点。

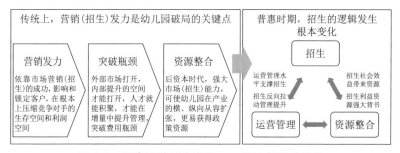

图 2-2　普惠后的招生工作——从原点变成终点

在传统的纯市场化时代，一个幼儿园，只要通过招生，将外部市场打开，那么相对于竞争对手，就有了更多的收益和配套的资源，其内部提升的空间才能打开，可以通过高于竞争对手的薪酬，实现人才的积聚，可以将更多的精力、财力投放于管理精细化上，实现在增量中提升管理水平，并且突破费用对幼儿园发展的制约这一瓶颈。

在资本时代，强大的招生能力本身就意味着资本市场的青睐。通过扩大规模，仅靠幼儿园连锁经营去上市也并非没有可能，这是众多战略投资人的梦想。

进入后资本时代，强大的市场（招生）能力，可使幼儿园在产业的横、纵向从容扩张，甚至不少连锁幼儿园都开始开发自有的幼教延伸产品（包括服务产品）。

而且，招生更好的幼儿园，规模更大，在与各种合作方进行合作时，就更容易处于优势地位，也更容易获得新的幼儿园的园址，当然也更容易获得政府的支持，从而拥有更多的政策资源。

可以说，传统上，纯市场化时代，幼儿园的招生与整体经营的逻辑与一般的企业营销是没有什么区别的，都是依靠营销——具体到幼儿园就是招生——来占据优势，压缩竞争者的市场空间，最终占据市场优势乃至产业优势。在这个逻辑下，招生在普惠前，是幼儿园一切工作的原点和出发点。

二、普惠时代招生是所有工作的共同结果

但是，到了普惠时代，由于幼儿园提供的服务产品的属性发生了改变，消费者更加看重幼儿园的核心价值而不是虚拟的溢价。而且，由于政府对成本的补贴和限制，也让不同幼儿园的办园资源相对趋同，很难再通过强大的人力资源与硬件拉开差距，而资本市场的路径也已被政策提前封堵。

在此背景下，幼儿园招生的逻辑，就发生了根本性变化。招生与管理，以及幼儿园所拥有的资源，从之前的递进关系转变为了互动关系。

具体来说，幼儿园内部的运营管理水平是支撑招生工作的重要支柱。消费者更加关注幼教服务核心层的东西，这些东西，往往由幼儿园内部的运营管理水平决定。例如，家长会对幼儿的饮食、安全、运动、快乐等内容更加关注，这些不是一些概念或噱头能够提供的，其体现的是幼儿园实打实的硬功夫。

反过来，招生工作，以前是强调投入，强调推广的费用，强调要引进课程、引进体系、增加外教等，而在普惠时代，招生工作反而要强调内部管理的扎实有序。良好的口碑、极高的出勤率、孩子的康健快乐，这些基础的管理成果是对招生工作的最好的支撑。

因此，招生工作反向地对基础管理提出了强大的提升要求，招生与管理，不再是两张皮。招生不可能再靠一两个园长或招生专员巧舌如簧来解决，而是要靠全员长时间的努力，达成良好的管理水平，并且将这个良好的管理水平系统地展示给家长，最终让家长来进行理性的选择。

对于资源——特别是普惠时代尤其重要的政策资源——也是同样道理。资源的获取与招生是互动的关系，而非过去那样，试图通过招生去整合资源，然后在资本市场，或者通过其他途径来实现幼儿园资产的变现。

一个民营普惠园，如果能依托扎实的管理，把招生工作做得非常好，以普惠的形式解决了更多的社会问题，那么它获得政策性资源的可能性就要大很多。

例如，一家民营幼儿园如果能够因此而承接一个北京市学前教育领域的课题或国家的教研课题，并且把这个牌子挂在门前，那这种政策资源可以立刻在招生领域变现。这就是当前招生与资源的互动。

实操篇
普惠时代幼儿园招生的
"六脉神剑"

本书的主题是幼儿园的招生，我们先以如此大的篇幅讲解了普惠时代幼儿园招生在深层次发生的一些根本性变革，而不是急着去讲招生工作中的技术与技巧，没有讲所谓的"干货"，这是为了使我们以后的招生工作有一个共识。

未来，招生的技战术体系，只有在这一个共识下才能成为一个系统的执行体系。如果前置的共识发生改变或者不统一，那后面的技战术体系就无从统一。

因此，我们基于普惠的不可逆转性，得出了幼儿园竞争格局发生了根本性改变的结论，又由此得出了幼儿园竞争的核心发生了由非理性向理性转变这一结论，再由此得出了幼儿园的招生逻辑是从以招生为基础，以递进式地获得资本和产业资源为目的这样的一个逻辑，变成了招生与运营管理和产业资源互动，最终在幼教的核心领域精耕细作，实现长期发展这样的一个逻辑，逻辑的框架如下图所示。

普惠时代招生工作的"六脉神剑"

在上图所示的逻辑的框架下，我们提出了在普惠时代招生的六大步骤。

（1）管理显性化。管理显性化就是通过系统展示基础管理水平来满足理性消费需求，是普惠时代针对理性教育消费的最大特点。

（2）决策精准化。决策精准化是针对普惠时代竞争格局的重塑，幼儿园需要有战略性地重新定位的需求，以及在新的战场重建关键能力体系而必需的技术支撑。

（3）战略个性化。战略是总的方向、原则，战略错了，努力越多，错得越远。因此，战略必须个性化，必须基于自身的资源与能力制定，绝不能人云亦云。

（4）策略清晰化。针对战略性方向，要有实现战略目标的整体策略。

（5）战术逻辑化。招生是系统性的工作，尤其是在普惠以后的理性教育时代，家长冲动性消费减少，招生工作不能指望一两次活动，也不能过分依赖一两个销售人员"当面拿贼"的能力，而是要有一整套战术体系。

（6）力度最大化。这涉及招生资源的投放。毕竟资源有限，要把资源投放到招生的关键领域。

第三章

管理显性化是普惠时代
招生的基础

第一节 普惠导致理性，理性要求管理显性化

一、管理显性化是家园之间的最大公约数

通过前面的论述，我们已经知道，在理性的教育消费时代，幼儿园的管理水平是招生的基础。而管理显性化是普惠时代招生回归理性的客观要求。管理显性化的前提是管理，是要将幼儿园的组织服务能力艺术性地展现在家长面前。

图 3-1 所示为幼儿园管理研究模型图。这是一所"小房子"，它表示一个幼儿园的管理体系。

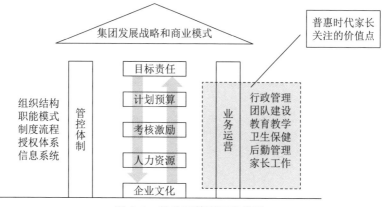

图 3-1 幼儿园管理研究模型

房子的顶端，是一个幼儿园或连锁幼儿园，或者幼教集团的顶层设计，是这个幼教单位的战略目标和商业模式。通俗地说，就是这个机构是用什么方法挣钱。是精打细算地挣保教费？还是跑马圈地扩大规模？还是横向延伸，挣各种培训的钱？还是纵向延伸，做更多年龄段的教育？或是紧靠政府，去争取财政的补贴和各种政策支持？这就是顶层设计的商业模式。

有了这个顶层设计，那么，下面就是两个支柱，右侧是一个幼儿园的业务运营线，包括幼儿园的行政管理、团队建设、教育教学、卫生保健、后勤管理和家长工作，这是通常情况下幼儿园的主要业务，称为业务支柱。

而左侧，是一个幼儿园的管控体制线，就是我们用什么样的方法来管理一个幼儿园。包括组织结构、职能模式、制度流程、授权体系和信息系统，这是幼儿园的另一个支柱——管控支柱。

有了这样一个屋顶（顶层设计）和两个支柱（业务支柱和管控支柱），幼儿园的框架就搭建了起来。而一个幼儿园要想运营起来，有了这个框架当然还不够，还要有自己的年度计划、学期计划，甚至是月度计划，根据这个计划目标来设定计划的预算，也就是说，需要什么样的资源来支持实现这个计划。

再向下，是用什么样的考核激励模式来激励团队完成这个计划。当然，完成计划的核心是人，所以，人力资源的管理是整个运营的核心。而运营不能只靠考核激励，所谓一张一弛，除了考核激励，还要有企业文化。这样一来，一个幼儿园的整体运营的模型就展现在了我们的眼前。

我们需要向家长展示的是这个小房子右侧的业务支柱，也就是整个幼儿园的行政管理、团队建设、教育教学、卫生保健、后勤管理和家长工作，只有这些业务职能的运营水平过硬，一个幼儿园，不论它的定位是高端、中端，还是低端，这个幼儿园才能够很好地运营，才能够实现它所想要达到的各种定位，达到它对家长所作出的承诺。

一个管理扎实的优秀幼儿园，是乐于把这些"硬功夫"展示给家长的，而家长也最希望了解这些情况。因此，管理的显性化，可以说是幼儿园与家长之间的最大公约数。

二、管理显性化须改变纯市场时代的理念

但现实中，很多幼儿园在招生过程中，往往不敢，或者不愿意，又或者不会去展示这些硬核的业务能力。这些幼儿园往往乐于向家长宣贯各种理念、宗旨、目标、格言、园训、园风、寄语，而且往往用这些形式上的概念，去引导家长在非理性的情况下作出非理性的消费决策。还美其名曰招生能力强。

我们并不否定这些形式上的理念，市场化时代的成果并非一无是处，但凡事都是对立统一的，形式上的理念和形式下的管理显性化，只有一个能够成为矛盾的主要方面，在普惠时代，

很显然，应该是后者。

我们找到了一些幼儿园的理念，其中有低端园、中端园，也有高端园。而这些理念，往往就是幼儿园最先推荐给家长的理念。大家想想，通过这样一句话，能够打动家长吗？甚至，家长会记住这样一句话吗？例如：

- 为培养世界公民奠定基石（培基）。
- 让生命之花在阳光下自由呼吸（朝花）。
- 让幼教赞美生命（红缨）。
- 培养孩子一生好习惯（诺博）。
- 给孩子一个快乐童年（珠海容闳）。

如果没有括号中的注释，大家能通过这一个理念猜到是哪个幼儿园吗？或者，从一个家长的角度来看，上述哪句话能打动家长，让家长可以像在吃火锅时只选王老吉一样去选择这家幼儿园？很多幼儿园都希望通过一句话或者一个抽象的理念打动家长，但是，幼儿园教育不是快消品，你永远无法用"怕上火，喝王老吉"这样一句标语去解决家长想了解的一切。

通常情况下，家长是在比较了幼儿园基础管理的一切之后，才会去选择幼儿园的教育理念之类的形而上的内容。这些理念类的内容，在家长选择幼儿园时的优先级是十分靠后的。普惠的理性时代尤其如此。

第二节　幼儿园招生就是要系统地展示能力

一、管理显性化不是被动应对而是主动出击

那么，何为管理显性化？管理显性化，就是把业务管理的动态过程和分解结果展示出来，在招生过程中，使家长对其全过程透明可见。应该注意，在招生过程中所说的管理显性化，是指与业务直接相关的管理内容。

我们知道，一个企业，包括幼儿园在内，其管理水平和业务水平是非常复杂的，很难用简单的一两句话表达清楚。但是现实的招生需求，又让我们必须通过管理水平的显性化，来满足越来越理性的家长的需求，它对业务的开展过程和业务的参与者提出了较强的管理能力要求、总结提炼要求和表达技术要求。

对于幼儿园的招生来说，幼儿园准备要表达"自己扎实的管理水平"这个基本目标以后，就应该抓住每一个向家长展示的机会、每一次跟家长沟通的机会，系统性、有预案地去传达幼儿园想要传达的意图。

二、管理显性化是大巧若拙的真功夫

需要知道的是，孩子入哪所幼儿园，很多是家长自主决定的，而不是受幼儿园招生工作的影响。这些决定入园的家长，并不需要幼儿园去做相关的说服工作，他们事先已通过其他渠道，对幼儿园有了较为深入的了解，在招生阶段与幼儿园沟通，也仅仅是询问一些具体的情况。

而我们针对的，主要是处于选择期的家长，这些家长并不会像老人听养生讲座那样来听我们长篇大论地讲述幼儿园的优势；幼儿园也不能像老师教学生那样，让学生整齐地坐在那里，听招生老师讲上一两节课，我们必须珍惜和家长沟通的每一次机会，有准备、有技巧地去传达我们的意图。

这听起来似乎很抽象，那我们举个例子。金星在脱口秀中曾举过这么一个例子，非常形象。在上海相亲时，如何用一句话了解对方的基本情况。她是这样说的，在上海相亲时，通常会问这样一句话：你家小区车位每月的租金是多少？看似很随意的一个问题，背后却隐藏着很多信息。

大家仔细想想。首先，你有车没车；其次，你的房子在内环、中环还是外环；再次，你的车位是租的还是买的，甚至你的财力、你的工作、你的圈子，都能由这一个问题引申出来。作为幼儿园，我们换位思考，当我们在回答我家车位每月租金价格时，可以透露给提问者多少信息呢？

再举个例子，不久前，我偶然在某短视频软件上买了一件打底的 T 恤，之后，某短视频软件对我就增加了类似价位的服装的推送力度。

大家知道，短视频的时长通常只有几十秒，但这些服装的推广视频的卖点不同，有主推质量的、主推款式的、主推价格的，不一而足，但是，我发现 80% 的推广视频中有这样一句话：为某国际品牌代工。就是这八个字，是各个推广视频的最大共同点。

为什么呢？因为在短短几十秒内，除去介绍产品卖点之外，鲜有时间再去对企业进行详细介绍，但"为某国际品牌代工"这八个字，却能反映出企业的管理水平（没有良好的管理水平，是不会入某国际品牌法眼的）、产品质量（给国际品牌代工，产品质量是基础）、成本控制能力（我的产品虽然便宜，那是因为我成本控制能力强，便宜也能有好货）、设计能力（毕竟总能第一时间接触大牌的新品）……

这些卖点之外，传达给客户的信息，在时间、场景不允许的情况下，用"为某国际品牌代工"的方式来表述，本质上也是一种管理的显性化。

同样，在我们招生的过程中，我们会遇到家长提各种各样的问题，这些问题也许在我们看来都是很基本、很俗套的问题，丝毫没有技术含量、没有专业水平，招生人员往往要耐着性子回答，然后才能转入幼儿园想表达的阶段，去表达幼儿园的高

熊掌、蒸鹿尾儿、烧花鸭、烧雏鸡儿、烧子鹅、卤煮咸鸭、酱鸡、腊肉、松花……请问这是在报菜名吗？家长来听您报菜名，只是因为德云社商演收费，您的《报菜名》是免费的吗？

还有人会回答，我们吃的不错，欢迎您带孩子来尝尝。这是舌尖上的幼儿园吗？再者说，即便一次吃的好，那又能代表什么呢？难道会有人质疑我们应付检查、搞面子工程的能力吗？

这是让很多老师感觉很无聊的问题。但是对于家长来说，却是一个饱含着深情而又五味杂陈的问题。大家想，进入幼儿园，是孩子进入社会的第一步，对于很多全职妈妈来说，这也许是孩子第一次离开她的身边。

妈妈带着欣喜，看着孩子长大，将要入园，同时也感受到，孩子终将长大并且终会离开自己，而自己也必须接受这个无法改变的事实。欣喜也好，难过也罢，失落也好，焦虑也罢，千言万语，对幼儿园的第一问，往往就是你们吃的怎么样？这是家长面对孩子未来的前程，发自内心深处的，最迫切的关怀。

就像民歌《走西口》里唱的："哥哥你走西口，小妹妹我实在难留，手拉着哥哥的手，送哥送到大门口。哥哥你出村口，小妹妹我有句话儿留，走路走那大路的口，人马多来解忧愁……"情到深处，大俗就是大爱。

也像《红楼梦》里黛玉见宝玉因贾环诬陷，而被贾政痛打，"这等无声之泣，气噎喉堵，心中虽然有万句言词，只是不能说得，半日，方抽抽噎噎地说道：'你从此可都改了罢'！'"只这一句话，便是情到深处，至简就是至爱。请大家静下心来，再仔细品味，妈妈们这一句"你们吃的怎么样？"没有长篇大论，也没有高深的学问，只这短短一句，便是至俗至简的大爱。

大音希声，这与其说是一个简单至极的问题，不如说是妈妈们自己的无法用语言描述的惆怅和忧伤。此时此刻，妈妈们的内心也许是软弱的。对这个问题的回答，你需要有情，无情就无法共情，但更需要有理，无理就无法抚平妈妈们心中的皱纹，无法让她们坚定。毕竟，我们的幼儿园是在她最脆弱难言的时候，用最专业的表现，给了她信心，给了她坚强的理由。

此时此刻，幼儿园只有表现出最值得依赖的专业能力，才能成为她唯一的支柱、唯一的依靠，她才会相信，只有把孩子交到你的手上，才是唯一正确的选择。

这时幼儿园一定要开门见山，用专业的话语告诉家长，我们通过食谱、食材、操作与安全管理四个方面保证饮食质量……在每个方面，我们通过相应的机制、措施去把控、去实现……我们就是要在家长最情绪化的时刻，快速地在家长面前，尤其是妈妈们面前树立一个理性的、专业的、可以依靠的、值得托付的形象，这个形象，是未来多少次讲座、活动都难以实现的。

毕竟，你搞讲座，你搞活动，目的性是非常明显的，家长会本能地启动防忽悠模式，你需要费尽心力，一层层地化解家长潜意识里的抵触情绪。而此时，则大不一样。

二、专业与正道是情之所寄

此时此刻，专业的幼儿园管理者或招生人员要告诉家长，幼儿园遵循幼教里的四个原则和一个依据来制定食谱，幼儿园还会根据老师和家长的观察和建议，调整食谱。这样，通过食谱，幼儿园既展示了它们科学保健的专业深度，也兼顾了家长的感情。

食材是餐饮的基础，在通过食谱体现理论水平后，迅速地转到食材，通过对供货商严选的标准，如供货商资质、供货商的管理水平和运输能力，以及厨师的反馈，体现出幼儿园后勤管理的标准与方法，展示出幼儿园后勤工作的管理精度。

有了食谱、食材，幼儿园还需要将其做成食品，这属于操作层，重点要展现团队的专业性和食品制作的水平，前面讲食材，突出的是管理，很生硬，那在操作的领域，可以加一些感性的东西，如幼儿园的厨师如何优秀以及其在幼儿园餐饮领域的经验等。总之，幼儿园要用操作这一领域将幼儿园人力资源的厚度表现出来。

最后是餐饮的安全，这是家长关心的底线，也是幼儿园的底线，要通过国标、地区等最高标准留样以及规范的清洗、加工、烹饪等流程，表现出幼儿园管理的标准的高度。

当然，上述方法只是建议和思路，具体到实际工作中，还需要根据各个幼儿园的不同情况，制定具体的话语体系。但是，万变不离其宗，通过一个关于饮食的问题，幼儿园要在家长心理最脆弱、最敏感的时刻，预先设计，有目的性地体现幼儿园的管理体系、保育能力、专业知识和人力资源，体现自己的专业性和恪守正道的经营态度。

当然，这些对于家长来说，未必能够立刻理解，但是在今后家长与其他幼儿园沟通时，他们会先入为主地以我们为标杆进行比较，那时就高下立现了。

更何况，家长选择幼儿园是理性且慎之又慎的，今天关于饮食的话题，幼教行业人员要放在心里，细心品读，越品越有味道。这些回答，就是我们在家长心里最湿润时植下的一粒种子，一定会发芽，生长壮大。

同样道理，在幼儿园主动开展的招生活动中，从原则上，首先也应该遵循这个道理。一次好的招生活动，通常会有一些常规套路。例如，幼儿园通常会讲到自己的教育理念、师资团队、硬件设施，如果幼儿园有一定背景，那也一定会大讲特讲。

但是，我们认为，从软件方面，包括幼儿园的教育理念、课程体系，以及为此配套的老师；在硬件方面，包括幼儿园的教室、运动空间，以及家具、教具等，这些都只代表了这个幼儿园想要达到的目标，或者说，这些东西只是表示出幼儿园向家长作出的承诺。

前者，一位幼教专家，或者资深的招生老师，就可以把幼教的理论讲得天花乱坠；后者，一个有实力的投资人，就可以把硬件设施建设到完美无瑕。

但是，对于一个幼儿园来说，更重要的是，如何通过自己的运营、管理，去实现上述目标，如何让家长相信幼儿园能实现自己的目标、承诺。而家长关心的也正是这一点。

这就好比在恋爱时，女生在意的不仅仅是男生给她承诺了什么样的未来，哪怕这个男生是成功人士或富二代，而是更加重视观察、考察这个男生是否有能力、有意愿去兑现他的承诺。

我们见过太多的金玉其外、败絮其中的企业或机构，他们在响亮的口号、气派的办公大楼下，腐败与不作为、内斗或人浮于事的情况也屡见不鲜，由此造成的管理水平低下、运营效率也低下得令人发指，与其光鲜的外表形成鲜明的反差。

所以，在开招生会或是举办招生活动直面家长时，幼儿园除了去宣讲我是谁、我有什么课程、我有什么硬件条件外，更重要的是要清楚地表明，幼儿园如何保证实现教育的目标、如何兑现幼儿园给家长的承诺。而这个宣传的机会，往往需要深入的、有技巧性的沟通，这才是招生会的重点。

比如，在讲到幼儿园的安全管理时，从硬件设施的理念、建设、设备的购置，到制度、责任、流程、考核的全体系，都要简明扼要地讲到，甚至辅之以案例；在讲幼儿园的人力资源时，不仅要说有多少博士、硕士，更要讲到有什么办法能够让老师们以园为家，把入园的孩子看作自己的孩子。

其中，从薪酬的优势，到幼儿园的培训体系、荣誉体系、上升通道等，都是保证老师们爱岗敬业的重要组成部分，这些事项如果能够给家长讲明白，那家长会真正相信幼儿园是值得依赖的。否则，一家民营的普惠园，凭什么会有一群学历高、爱岗敬业且极度忠诚的老师团队呢？这是在考验家长的智商吗？

第四节 从管理显性化到形成幼儿园特色

一、幼儿园特色是基础管理的延伸

我们之前谈到，幼儿园行业在追逐高质高价的过程中，引进了无数先进的国际教育理念，却因为过度市场化，背离了幼教的初心，更多地沦为了收费的噱头。但是，这并不是说我们排斥特色。任何特色都是经由总结，以及理性的价值延伸而形成的。空降的理论如果不加消化而吸收，往往只知其然而不知其所以然，徒具其表罢了。

对于有志于形成自己品牌特色的幼儿园来说，以普惠时代理性化的招生为契机，在以幼儿园基础管理为核心的显性化过程中，将管理再往前走一步，就有可能形成特色。

就在我们给家长讲基础管理决定饮食质量时，就在我们给家长讲以食谱体现科学保健的深度、以食材体现后勤工作的精度、以操作体现人力资源的厚度、以安全体现管理标准的高度时，是不是也为我们的管理找到了提升的路径？这就是之前讲的普惠时代的招生逻辑，是招生与管理互动的、螺旋式的上升。

照此发展，通过这四个领域的全面提升，幼儿园不就在饮食领域，弥补了之前管理中的很多漏洞与不足吗？这样一来，幼儿园管理水平的那块最短的板就被补齐了，这是招生促进管理的体现。而在此基础上，幼儿园继续去抓饮食，又会有什么结果呢？

我们来看一个案例。这是位于北京核心区的一个幼儿园，因为在核心区，开发得比较早，幼儿园的面积比较小，可谓是寸土寸金。在普惠之后，和周边的幼儿园比起来，定位接近、收费接近，想搞教学特色，自己有的，别人也有；想搞活动，空间有限，也是螺蛳壳里做道场——打不开场面。

普惠时代的招生，如果按照传统的市场化思路，有时真是难于登天。有的幼儿园永远不愁招生，有的幼儿园怎么招生也无人报名。想逆袭上位，实在太难了。就我们所说的这个案例，由于客观条件所限，想要改变劣势地位，简直是狗咬刺猬——无从下口。

但是，如果我们回归到普惠时代的理性本质，从管理与招生互动的思路去想，那么，也许回归本质、回归本源，反而是逆袭上位的正道。于是，这个幼儿园就从饮食入手，按照我们前面所说的，从四个方面狠抓饮食，并且充分地与家长沟通，打一张以"食育"为特色的幼教品牌。

二、万事皆可延伸成为幼儿园特色

有特色的幼儿园非常多，比如中华女子学院附属幼儿园，突出以孩子为中心的生活教育为特色；一土幼儿园，推广探索学习和学生自主学习为特色的项目制教学；安吉幼儿园推广游戏教育，形成特色；利津幼儿园以体育教育为特色；道禾幼儿园以新锐的节气教育与美学生活为特色，等等。

但是，这些所谓的特色，与我们所说的，由管理进一步发展形成特色还有所区别。这些特色属于在教学领域找到自己的细分定位，形成了独特性，进而形成品牌，这是幼儿园为了形成特色的自觉的、主动的行为。

而我们所讲的由管理显性化而形成的特色，则是在扎实的基础管理的基础上，将管理优势显性化，最终自发、自然地形成特色，这是一种低成本的顺势而为的特色。

还以上述的食育为例，具体来说，就是以饮食为基础形成食育特色，并且不断地将食育成果显性化，与家长互动，最终形成特色、形成口碑。例如，通过食育，幼儿园可以极大地提高出勤率。

出勤率这个概念，家长平时未必会关注，即使关注，也未必能了解具体情况，但对于发展食育特色的幼儿园来说，可以在宣传上，将出勤率与饮食建立关联性，不仅要主动让家长了解出勤率，还要通过数字做比较，彰显食育带来的成果。

吃得好，身体壮，这是显而易见的，尤其是幼儿园的主动引导，更提高了家长的满意度；通过食育，引导幼儿主动表达好吃，喜欢幼儿园的饮食，形成良好的口碑；通过食育，引导幼儿兴趣，对食材来源有深究的兴趣，这让家长欣喜。

这种实实在在的特色（或者说是优势、成绩），是家长亲眼所见，又通过互相之间口口相传，形成集体的共识，最终确立幼儿园在这一领域的优势地位。

当然，对于幼儿园来说，食育还有其他好处，那就是形成了良好的采购计划性，不浪费，成本可控，最终实现了低成本。而幼儿园的出勤率高，也形成了幼儿园收费多、利润好的局面。也就是说，在饮食领域狠抓管理、补短板，促进了招生，而招生的成果，又反向地推动幼儿园形成了食育的特色，形成了幼儿身体与学习良性发展，从而使家长满意。

而对于幼儿园来说，不仅提高了收入，降低了成本，还增加了管理的计划性，又进一步地提升了管理水平。这就是一个招生与管理互动提高的经典案例，就是一个在实现经营管理中，从补短板的木桶论，到打造特色品牌的包包论。

在普惠时代，教学的特色固然非常具有招生的吸引力，但是，对于绝大多数普通幼儿园来说，教学的特色往往意味着在资源领域的长期投入，非朝夕之事，也非能力所及。

而从管理出发，在苦练内功的过程中，通过管理延伸出的特色，对于大多数幼儿园来说，的确是通过努力可及的成果，即便没有形成特色，在此过程中对管理的提升、总结，并使之显性化地应用于招生，也是大有裨益。毕竟，时代变了，在普惠时代，幼教追求的不再是巴洛克式的奢华，而是有品质的简朴，有节制的丰盛。

第四章

决策精准化是普惠时代
招生的前提

第一节　幼儿园的自我诊断

管理显性化是普惠时代一切招生工作的基础，但这并不意味着我们的招生工作就可以眼光向内，不顾市场，只做美酒飘香，不问幽巷深深。幼儿园在普惠时代还可以采取很多主动的措施，来改善自身的招生工作。但一切主动的措施，都必须源于精准化的决策，即所谓知己、自知。而决策的精准化，又包括三个领域。

（1）通过自我诊断，认清我是谁，我从何处来。

（2）根据自我定位，决定我向哪里去。

（3）聚焦、细分，确定我的战场在哪里，确定谁是我的竞争者。

我是谁？这个问题看上去很傻，难道我不清楚自己是谁吗？但是，在市场行为中，在幼儿园的招生工作中，并不是每个幼儿园都能清醒地认识到自己的资源与能力，认识到自己在行业中的位势和在竞争中的格局。过高地估计自己的位势，采取大而无当的战略，或者过于保守畏缩，造成资源与能力的浪费，这些现象在我们身边时有发生。

如何认识自己，进行自我诊断？我认为，要从三个层面进行分析。

一、微观层面以客户分析为核心

微观层面，最基本的分析是订单分析，对于幼儿园来说，就是对客户，也就是对家长进行案例分析。

幼儿园需要分析每一个入园咨询的家长的类型，对每一个成功为孩子报名的家长，以及没有让孩子入园的家长，甚至是孩子中途退园、转园的家长进行因果分析，通过所谓的"订单分析"，幼儿园可以得知，其在家长心中，究竟处于一个什么样的位势，家长到底认同幼儿园的什么价值。

通过具体的客户分析，往往会得出与我们固有的印象大相径庭的答案。

家长是幼儿园的核心客户，但除了关注家长眼中的幼儿园，我们还要关注其他的角度，包括（但不限于）员工、招生的合作方等在内的广义上的客户的满意度。

如果说家长决定选择我们的幼儿园是对我们传导给家长的价值的认同，那么，对员工、合作方与家长（包括没有让孩子入园的家长，以及中途退转园的孩子的家长等）等所有广义客户的满意度的诊断与调查，就是看幼儿园到底有没有真正实现自己表述给大家的价值，能不能让幼儿园最终在员工、合作方与家长之间形成一个稳定的合作与利益共同体。

举例来说，广东中山有这样一个幼儿园，投资人兼董事长是一位曾在港企任高管的女士，后来在中山当地投资幼儿园，定位为当地的高端园。幼儿园选址在一个高档小区的原售楼处，环境非常优美，幼儿园的 Logo、VI 也都非常高端、大气、上档次。

投资人（董事长）心心念念地要打造当地的幼教第一品牌，同时，她也把这个思想传递给了所有员工和家长。这是主观上定位的高端园。

但是该幼儿园在运营过程中出现了一个非常严重的问题：中班、大班的转园率居高不下，导致整个幼儿园招生不足，连续亏损。通过对家长的深入调查和访谈，我们发现，在家长眼中，这家园的定位，与幼儿园投资人本人心目中的定位完全不一样。

在家长眼中，这家幼儿园虽然看上去高大上，但是在关键领域，如课程、饮食上，和当地其他老资历的幼儿园相比，并无优势，反倒是收费比较高。

大家之所以还会选择这家幼儿园，原因出乎意料。因为该幼儿园园址的前身是小区的售楼处，教室是由售楼处的办公室改造而来的，面积小，因此，每个班的孩子总数少，教师比例高。

这样，很多低幼家长倾向于把孩子送到这个幼儿园，因为孩子刚离开家进入幼儿园，生活、安全是第一位的，等到该上中班或大班时，家长再将孩子转到其他教学质量好，或者有教学特色的幼儿园。既然只准备在这里上一年，那为了低幼的孩子能受到更好的生活照顾，费用略高一点，家长也就勉强接受了。

但家长的这种行为却给幼儿园的投资者带来了一种错觉，那就是家长认可自己幼儿园的高端园定位。并由此认为：转园率高是后期管理出了问题，是园长或者哪个老师在管理上不到位，是偶发现象，并非幼儿园的定位有问题。

而由于连续亏损，这家幼儿园在员工薪酬领域想尽一切办法节省成本，在后勤领域的投入也越来越精打细算。这样一来，后勤供货商、各种课程的合作方不满意，产品质量和服务质量下降，尤其是饮食质量下降，家长的不满意越发强烈，而员工也在上级和家长之间备感煎熬，最终造成了积极性不高，流失率高，这样便形成一个恶性循环。

这样的恶性循环，从根本上来说，是由幼儿园对自身定位的错觉产生的，这种自我认识的错位，首先体现在离园率较高这一表面现象上，之后，通过放大、传导，形成了全系统的不满，幼儿园和所有的客户、合作方都形成了对立关系，这家幼儿园危在旦夕。

之后，经过诊断，我们给出了一个全新的定位，提出了一个全新的战略，这个案例我们将在后面详细讲解。

二、中观层面以竞争分析为核心

中观层面的分析，核心是市场竞争的实况分析，而市场竞争的核心和重点是客户选择幼儿园的价值取向与我们幼儿园的价值定位是否匹配。在价值认同的基础上，我们再来看客户细分和市场选择是否匹配，再来看客户关系管理的水平。

最终，对于幼儿园来说，尤其是对于品牌连锁的幼儿园来说，产品力×品牌力×服务力×渠道力×推广力＝目前实力。这几乎是一个可以量化的指标。

在这个层面，我们以北大学园幼儿园为例。北大学园幼儿园成立于 1999 年，是北京大学原副校长林均敬创立的一家集学前教育、合作办学、高端教育培训、教育咨询与服务、国际教育交流与合作、高科技投资于一体的专业性科教发展和研究机构。可以说，北大学园幼儿园在品牌力上已经具有一定优势。

头顶着北京大学和北京大学副校长的光环，在北京、石家庄、西安、郑州、长沙、合肥、永城、沈阳、成都、福州、重庆、贵阳、洛阳、启东等地已开办了 23 家北大学园幼儿园。

作为本土的教育品牌，北大学园幼儿园的成本远远低于华德福、多元智能、蒙台梭利、EYFS 这样的国际教育体系，但是北大学园幼儿园的名人效应，又很大程度上迎合了家长的起跑线焦虑。这种定位使得北大学园幼儿园的产品力、服务力有突出的性价比。根据这种高性价比的价值取向，北大学园幼儿园很精准地选择了区域布局。

在北京，北大学园幼儿园除了奥体园以外，主要布局在城市的新城区，这里是新北京居民的聚集区，他们重视教育，非常关心下一代的教育，但又不具备顶级的消费能力。

　　在北京以外，以二、三线省会城市为主的布局，也主要是针对国内迅速增长的、非顶级消费的中产家庭的幼教需求。毕竟对于这些家长来说，北大、清华这样的品牌才是心中的梦想。

　　因此，北大学园幼儿园在自己网站上所写的目标是在全国适宜的大中城市投资开办更多的高品质、高标准、创新型、国际化的幼儿园，为社会提供优质的学前教育。

　　在国内，北大学园幼儿园除了头部的一线城市，以及西部一些欠发达地区外，主打中部城市，注意这里的中部不是地理概念，这种城市是特指中国各省首位度较高的省会城市或是其他一些经济较为发达的二、三线城市，这些城市是中产橄榄形的核心区。

　　北大学园幼儿园这种针对"全国适宜的大中城市"的价值定位，很适宜国内这些快速增长，但消费能力天花板高度又有限的城市的幼教需求。这种针对中部城市（或者说肩部城市）的定位，决定了相当强大的北大学园幼儿园的渠道力。

　　最后，从合作的模式来说，北大学园幼儿园也主要是与肩部的房地产管理机构进行合作，北大学园幼儿园的价值定位与这些肩部房地产的业主高度匹配。这种合作模式又奠定了北大学园幼儿园强大的合作推广能力。

　　所以，根据"产品力×品牌力×服务力×渠道力×推广力＝目前实力"的研究方法，从产品价值的角度来看，北大学园幼儿园这种概念与消费者价值认同的契合，以中产为核心的客户定位与以中部城市为主要市场的市场定位高度匹配，招生工作也非常顺利。这是中观层面竞争分析正确且成功的一个经典案例。

三、宏观层面以产业分析为核心

在宏观层面，我们要看幼儿园是否能够站在行业，或者产业的层面，顺势而为，找到自己的生存空间和利润空间。

在普惠时代，幼儿园或者拥有强大的办园能力，在办园质量、成本等基本的营销要素上有优势，这将在未来的招生工作中起到决定性作用；或者拥有强大的资源能力，在产品的规划、幼儿园区域空间的布局乃至资源的垄断等领域拥有丰厚的资源，这也是宏观层面经营的命题。

在宏观层面，我们可以以朝花幼儿园为案例。北京市朝阳区朝花幼儿园作为体制机制改革园所，由朝阳区教工委、教委管理，自 2013 年以来，已开办分园 20 多所，在园幼儿约 8000 余名，教职工 1200 余名。

"朝花"的成功靠的是什么？是站在了政策的高度上，在普惠的探索期，即 2013 年，就提出致力于打造普惠性幼儿园典范的目标。由此，朝花成为了朝阳幼教领域的主力军、先遣队和行业标杆，去践行树立普惠性幼儿园的典范，让普通人的子女享有公平且有质量的学前教育这一符合行业大势的理念。

由理念，获得政策性的支持，再依靠政策，扩大规模，降低成本，引入人才，提升质量。这种能够把握产业大势，并且在产业大势基础上去整合产业资源（如政策资源）的能力，已使朝花幼儿园从宏观上立于不败之地。

上面三个案例，是我们从微观、中观、宏观上去诊断，去进行自我定位的案例。人贵在自知，幼儿园也一样。只有清晰地进行自我定位，才能找到自己在行业内、在竞争的小区域内的位势，由此决定，我往何处去。

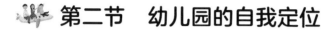 第二节　幼儿园的自我定位

一、行业领先者需要复制模式保持优势

有了精准的自我认识，明白我是谁，然后，方可确定我往哪里去。即所谓：是什么人，就做什么事；到什么山，就唱什么歌。

我们按照资源与能力的匹配程度，对于现有的幼儿园做一个大致的分类，见表 4-1。

表 4-1　幼儿园的产业地位与方向选择

产业地位	资源禀赋	方向选择
行业领先者	有强势资源与能力（容闳）	扩大总市场，保持市场份额，扩大市场份额
行业挑战者	资源与能力一方强势，一方均衡（朝花）	确定目标市场与竞争对手，选择一个进攻战略
行业跟随者	资源与能力均衡（伊顿）	紧跟，模仿，改变
行业机会者	资源与能力双缺（培基）	有成长潜力，被大竞争者所忽略，在机会中寻找市场

对于资源与能力双重就位，能够引领行业发展的幼儿园，我们称之为行业领先者。对于这一类幼儿园来说，要考虑保持

并扩大总市场。以珠海容闳幼儿园为例。这一类幼儿园在前文讲过，从资源上，它们依傍于资本实力最强的房地产企业，通过为房地产带来增值的方法，获得位置、资金等要素资源。而反过来，要素资源的投入，以及配套高端房地产的整体定位，又带来了办园能力的提升。

这种模式的幼儿园，在办园能力上整体处于高端水平，在资源获取上，可以优先获取全新的配套幼儿园的经营权，并且可以获得具有优势的人力资源和政策的支持。因此，目前从整体上讲，处于行业的领先者位置。

这一类幼儿园在普惠时代，要考虑如何与更多的合作者合作，复制目前的模式。在普惠时代，需要冷静沉着，站稳脚跟，依托自身优势继续整合资源，扩大招生规模，扩大领先优势。

具体到容闳幼儿园来说，就是在普惠时代，在各幼儿园教育水平相对同质化、收费相对趋同的情况下，通过管理与教育教学的能力，实现房地产项目的整体增值，从而使幼儿园除了普惠时代基本的收费外，能够获得房地产增值的部分收益。这是其发挥资源与能力双重优势并扩大市场的总体思路。

二、行业挑战者需要明确方向战略进攻

以朝花幼儿园（集团）为例，其在资源领域，特别是在政策资源领域具有强大优势，远非传统民办幼儿园或单体公立幼

儿园可比。而在办园能力上，则根据办园的理念，处于均势的地位。

也就是说，在资源和能力两大维度中，其中一个维度处于强大的优势，另一个维度处于均势。类似这样的幼儿园，我们称之为行业的挑战者。朝花幼儿园这样的挑战者，的确有能力去选择一个进攻战略。

对于这样的行业挑战者，可以尝试发挥自己在政策资源领域的优势，明确扩大普惠这一战略方向，聚焦于有资源优势的目标市场，在这个市场内驱逐竞争对手，在这个市场内不断扩大招生规模，确立优势地位。

具体到朝花幼儿园来说，就是要把普惠政策从试点变成模式，从一家幼儿园的个性化探索，变成可供主管部门推广复制的货架方案。

依托政策资源和先行先试取得的成果，在普惠政策快速推进的情况下，去实现借势扩张。而在这种扩张的过程中，基于政策的支持和成熟的普惠教育经验的加持，招生工作就变得容易多了。

三、行业跟随者需要创新变革积极上位

对于诸如伊顿幼儿园这样，具有一定产业资源，但与朝花幼儿园这样的硬核优质资源拥有者又无法比拟；办园能力很强，

但又因为投入、模式等原因与顶级的领先幼儿园有一些暂时无法弥补的差距这样的幼儿园,我们可以称之为行业的跟随者。

对于这种幼儿园,首先要紧跟行业领袖,紧随资源与能力方面都更强的对手,在发展的过程中,尤其是在普惠转型的过程中,绝不能掉队。其次是模仿。对于强者在资源和能力领域的优势,诸如伊顿这样的第二梯队领军者,应该了然于心。强者的优势,就是模仿的方向。

我们仍然以伊顿幼儿园与朝花幼儿园为例,二者在北京朝阳区有很大交集,在战略层面存在竞争。对于伊顿幼儿园来说,对方的优势主要在政策领域。

普惠对于伊顿幼儿园而言,是挑战,也是机遇,伊顿幼儿园也完全可以借普惠之机,积极开展政策公关,以主动打造民办高端园转型标杆的身份,去争取政策支持,缩小与朝花幼儿园在政策资源领域的差距。

毕竟朝花幼儿园只是朝阳区的政策代表,而中国市场又何其大也。伊顿幼儿园通过模仿强者的优势,进而实现在政策资源上的逆袭并非不可能。在此之后,以政策和品牌的双重优势,在国内复制扩张,扩大招生规模,实现普惠时代的幼儿园连锁规模效益。

利用普惠的契机,在模仿的基础上,行业的跟随者补齐资源与能力,那么,结合自身的优势,就可以做出改变与创新。

因为幼儿园上市的路径已然被政策封死,在后金融时代,创新的关键点在于找到全新的产业合作模式，通过整合资源来注入外力，提升办园能力，最终实现办园规模的扩大和招生的顺利开展，这便是行业跟随者的方案。

四、行业机会者需要抓住机遇借势而起

在幼儿园行业，还存在一些行业机会者，在能力与资源双重缺失的背景下，这些幼儿园的战略投资人凭借敏锐的市场嗅觉，也能抓住机遇，获取丰厚的利润，借势而起。

这里，我们以培基幼儿园为例。培基幼儿园的投资人本来是一位福建老板，在中国幼儿园市场暴发式发展时，通过移民新加坡，以外国投资机构的身份，在国内投资多家高端幼儿园，也确立了一定的行业地位和品牌。

但总体来说，这家幼儿园本质仍是由草根企业成长壮大的，并没有太过丰富的产业资源，而在办园能力上，虽然现有幼儿园的管理水平较高，但是由于独特的管理方法，其模式难以复制，也限制了其进一步发展的可能，因此也存在能力缺失的劣势。

培基的管理方法非常有特色，具体表现在老板（战略投资人）和老板娘深入地介入管理，经常带领整个集团的管理层和骨干员工出国团建，通过打造一个非常忠诚的小团队，保证了旗下若干家幼儿园的高效、高水平运营。

培基整个集团设有虚拟总部，虚拟总部的各个职位，则由各幼儿园的高管兼任。这种模式，最大限度地降低了成本，增加了总部对基层的了解，平衡了总部与基层的矛盾，也增加了幼儿园管理层和骨干员工的忠诚度。

得益于战略投资人的亲力亲为，培基打造出一支小而精的队伍，这支队伍打不散，但也受制于战略投资人的管理半径，这也是一支难以扩大规模的队伍。

在普惠时代到来后，战略投资人果断将原来位于北京，定位高端的幼儿园全部转为普惠园，另到老家福建，利用当地外侨多等特殊优势，开办新的高端园。像培基这种幼儿园，其实并没有真正意义上的产业资源，与朝花这样背靠政府的集团相比，资源的拥有量完全不在一个数量级上。

从能力上来看，它们的精品能力也完全是战略投资人亲力亲为带来的，没有成长为幼儿园自身的可复制的产品力，因此，这类幼儿园在市场，其实是处于劣势地位的机会主义者。但是因为战略投资人有敏锐的市场感觉，也可以在市场中找到自己的机会，好好地赚取利润。毕竟中国市场太过广大。

以上，我们简单地讲述了由于不同的自我认知而导致的不同的发展方向。确实可以总结成这样一句话：是什么人，做什么事；到什么山，唱什么歌。但这一切的前提，都是对自我的准确认识，这一点，非常重要，因此要再重复一遍。

第三节 幼儿园的市场聚焦

一、没有聚焦就没有客户满意

在看清自我、看清方向之后，下一步就应该确定自己的战场在哪里、自己的客户是谁以及自己的对手是谁。

无论是进还是退，无论是扩张还是创新，每一个幼儿园都应该选择一个战场，也就是市场聚焦。毕竟，没有任何一个企业可以满足所有的客户，没有任何一家幼儿园可以满足所有适龄儿童，一家幼儿园也不可能在一个区域统揽所有入园的儿童，更何况，这是政策不允许的。

一家幼儿园，总是不得不在幼儿园的空间、距离、收费、师资、品牌中取舍，不可能做到样样兼顾，满足所有家长的要求。

在幼儿园的定位上，也必须在健康、快乐、学习、运动等主题中取舍，不同的主题虽然都有自己的价值，但往往是相互矛盾的，幼儿园在尽量兼容并包的前提下，也不得不作出必要的取舍。这就好比宝马选择了运动、奔驰选择了豪华，而沃尔沃为了安全，曾经自创了横置五缸发动机，让车身有更大的溃缩空间，但这就只能牺牲掉前悬挂的位置，在操控性上与奔驰、宝马有较大的差距。

现有的技术没有什么领域是不可突破的，没有什么是一家垄断的绝活，一切都是取舍而已。当企业决定把一切优点集中在一个产品上，以求打造一个完美的产品时，那么很遗憾，这个产品的价格就一定非常"感人"。

所以，我们必须承认，一家幼儿园不可能满足所有的孩子，我们不可能迎合所有的家长，我们必须进行市场聚焦，找到自己所在的战场。如果不做聚焦与细分，那么就等于在任何领域，我们都不是最强者，幼儿园就没有了自己的唯一性，没有了自己的不可替代性，永远是别人的备胎。

这种没有聚焦的幼儿园在现实中大量存在，在我们身边比比皆是。这些没有聚焦的幼儿园最突出的、最大的特点就是什么市场都想"吃"，但怎么都"吃"不饱，什么孩子都想招，但怎么都招不满。

如何来细分市场？通常，我们来研究三大结构：

（1）市场结构。在幼儿园所在的区域市场上，幼儿园处于什么位势，是高端、中端，还是低端，在自己所处的层级中，是优势还是弱势？幼儿园是要在本层级力争第一、扩大份额，还是要努力升级，抑或是准备降维打击？

（2）客户结构。在做出客户画像后，对客户的结构作出分析，找到与幼儿园的价值最为匹配的那一类客户，或者是我们更希望与哪一类的客户进行匹配，那么我们的幼儿园就要向哪个方向努力。

（3）区域结构。对于连锁园，对于那些致力于在全国扩张的幼儿园来说，区域结构更需要分析。毕竟全国的社会经济发展水平不同，文化也不一样。同样的经济发展水平，并不意味着一样的选择。

北京首重国字号，而上海对私立情有独钟；南北差异，东西差异，一、二、三、四线城市的差异非常大。邻近北京的廊坊，关注的是如何与北京同步，而经济发展势头生猛的郑州，有些地方还在关注幼儿园老师能不能做到普通话教学。这种差异如果不做具体的细分，那就完全无法聚焦市场。

这样说，可能略显枯燥，我们还是以案例来说明，依然举两个北京的案例。

二、北京驼房营某幼儿园的精准低调

首先，我们讲一个低端园的例子——北京驼房营某幼儿园。驼房营某幼儿园，顾名思义，位于北京驼房营。驼房营位于北京城区的东北方向，是城乡接合部，但也属于广义的大望京的边缘。

请大家记住"大望京边缘"这几个字（前文对望京地区的市场结构有较为详尽的描述，在此，我们不再重复。为方便读者理解，本书尽可能采用某几个区域的案例，进行深入的分析，可避免对背景环境进行过多且重复的介绍），这对案例的发展非常有影响。

2010 年以后，北京进入快速发展期，各地的建设非常多、非常快，驼房营地区当时作为城乡接合部，有大量的外来务工人员。驼房营某幼儿园，区位不好，处在驼房营主路边的一个小胡同里，旁边都是低矮的平房，几乎没有停车的位置。

背后是新建的高楼，每天几乎有半天时间遮挡了幼儿园的阳光。这样一个硬件落后、先天不足的幼儿园，当然也不会有强大的师资力量。好在接手这个幼儿园的老板，非常清楚幼儿园的现状，很明确地将其定位成针对农民工子弟的幼儿园。

因为当地这些农民工，以建筑及相关从业人员为主，还有一些做夜市、做地摊、做样样十元店、做街边九块九炸鸡的小业主等。

这些人员不同于有文化、有理想的"北漂"，北京不是他们的目标，他们从没想过在北京扎根，也没想过自己的子女在北京扎根，所以，孩子对他们来说，只要有人照顾一下，不影响工作就可以。

他们选择幼儿园首看成本，他们对标的幼儿园也不是望京顶级的伊顿、启明，而是自己老家的幼儿园。但这些人的需求，在市场化的大时代，往往又是市场的盲点，政策无法照顾，市场不屑照顾。

　　而驼房营某幼儿园偏偏选择了这样一个细分的小市场，于是当年这个门前窄巷流着污水、周边是围着绿屏的在建高楼的幼儿园，招生爆满，满员时甚至有将近三十个班。

　　大家想一下，如果这个规模维持到普惠时代，按照现在北京的普惠政策，每个孩子由财政补贴 750 元，一方面保证了幼儿园收入，另一方面减轻了那些务工家长的负担，即使他们硬件条件差一些，但只要能够把控成本，只要能够保证安全，那这个幼儿园将是一个理想的现金流的平台。

　　所谓"寒不择衣、贫不择妻、慌不择路、饥不择食"，驼房营某幼儿园的投资人在接手这个幼儿园时，是做了精准的市场研究，还是迫于现状的无奈之举，现在已无从考证，但不可否认，当时这个幼儿园确实是在特定的时点，抓住了特定的细分市场，取得了不错的招生成绩。

　　可是，中国还有句老话，叫"人往高处走，水往低处流"。在幼儿园招生爆满时，这个幼儿园就面临下一步的选择了。是继续在周边扩张，为进城务工人员的子女提供一个学前教育的解决方案？还是在本地深耕，上升到更高的位势？

　　前一个方案，要求幼儿园不停地开办新园，这不仅要有投入，还要有比较强的政府公关能力，算下来，边际效益不高，投资总额较大。

　　而后一个方案，由于驼房营位于大望京的边缘，而望京是一个非常有经济实力的区域板块，整体消费水平相当高，只要能够承接一点点望京本地外溢的幼教需求，那驼房营某幼儿园也能极大地提高利润率。毕竟，低端园的整体收费偏低，而且除了正常收费偏低外，其收益在各个方面都偏低。

所以在农民工子弟招生爆满的情况下，驼房营某幼儿园开始尝试提升办园档次。在幼儿园看来，自己已经是大望京区域最底层的幼儿园，即便是费用有所提升，那处于底端的消费者也无从选择，因此自己还能坚定地守住这片市场。

就好比西方经济学中有一个"吉芬"商品的概念，所谓"吉芬"商品，也就是劣等品，在经济大萧条时，因为收入减少，房子、汽车等奢侈品，甚至日用品都会降价，但是一些平时无人光顾的产品，如糠、发了芽的土豆等底端品，平日里无人问津，价格极低，此时反而会涨价，因为最底层的消费者没有选择，这些底端（注意，不是低端）产品无法被替代，而对底端产品的需求却增加了。

正是因为需求的增加，这些劣等品反而实现了价格上涨。驼房营某幼儿园的战略投资人打的就是这个主意，感觉农民工子弟是自己的基本盘，毕竟这里没有比自己定位更低端的幼儿园了，再适当提高收费，也不会丢失基本市场。

而适当地增加一点投入，改善一下办园形象，招一点望京本地的孩子，哪怕是望京的"北漂"白领的孩子，自己也稳赚不赔。

理想很丰满，现实很骨感。因为驼房营这样的品牌定位，已然打上了低端园的烙印，对于一般白领来说，自己辛辛苦苦来做"北漂"，来北京打拼，就是为了实现自己的人生奋斗目标，甚至是阶层跃升的目标，怎么能再让孩子去低端园呢？那不是对自己一生的奋斗的否定吗？因此他们从情感上，很难接受让孩子选择这样一个幼儿园。

另外，由于区位的关系，驼房营位于大望京的边缘，对于每天要赶着上班的家长，虽然路程并没有增加多少，但几个很窄且超级拥堵的红绿灯路口，足以让他们天天迟到，迟到扣的工资比幼儿园省的钱多得多，完全不值。

从更微观角度来看，幼儿园门口完全没有停车的空间，因为违停造成的损失更大。所以，无论驼房营某幼儿园怎么努力，事实证明，它对于望京本地的市场是没有竞争力的。

那它的基本盘呢？原来本以为农民工子弟这个市场是铁打不动的。因为无可替代。但是现实出人意料。提费之后，出现了农民工子弟流失的现象。那么这些孩子流失到什么地方了呢？

一是无证照的小黑园，毕竟一分钱难倒英雄汉，成本、费用是一些农民工家长的唯一考虑，对此高度敏感，而市场总会给出更好的解决方案，一些小黑园就成功地从驼房营某幼儿园抢走了生意，顺利接盘。

还有一种，是干脆放弃幼儿园，自己带孩子。家长一边做着小生意，一边带着孩子，孩子只要不磕着碰着，那就是幸福的童年了，何必去低端园呢？收费高不说，也学不到什么东西，完全没必要啊！另有一种，是把孩子送回老家，交给老人看管，这就造成了所谓的留守儿童。

还有最后一种，幼儿园可能是压倒他们最后的一根稻草，干脆离京，到别处发展。当然这种是少数。

驼房营某幼儿园，是一个"悲喜交加"的案例，喜是喜在初期精准聚焦，找到了属于自己的细分市场，招生也就成了顺理成章的事。悲则悲在没有认清自己，不知道"我是谁"，在利益面前迷失了自我。不知道"我是谁"那就自然也不知道我要往何处去。本来在自己的领域是王者，结果非但没有发挥自己的优势，反而进入了错误的细分市场，落得个鸡飞蛋打。

三、北京榕树国学幼儿园的壮志未酬

如果说驼房营某幼儿园还曾经喜过，那么我们下面讲的这个案例，则实实在在是市场细分中一个失败的悲剧。这个案例发生在北京天通苑东三区，是一个名叫榕树国学的幼儿园。

天通苑位于北京正北，是北京在 20 世纪 90 年代开始开发的一个超大型社区，共由五个园区组成，居民保守估计在 30 万以上，在贵阳的花果园社区建成之前，号称亚洲第一大社区。人多，自然幼教的市场机会就多。

更何况 20 世纪 90 年代规划建设的社区，配套本身就不足。这样一来，天通苑就成为各种民办幼儿园扎堆的地方。

这家榕树国学幼儿园就开办在天通苑东三区。听其名字就知道，榕树，有着很浓的南方味道，这家幼儿园就是一个福建小老板转型投资的尝试。

他选在这个看似人多、机会多的天通苑，建设了一个以国学为所谓的特色的幼儿园。整体定位中端偏低。但是，这个幼儿园从成立之日起，就存在市场聚焦不够，没有主打细分市场的问题。因为天通苑也是一个生态非常复杂的圈子。

在天通苑，有在市内工作的政府、央企、国企员工，也有在北京落脚买房的"北漂"人群，还有本地土著和拆迁户，更有"北漂"无钱买房的租住人群，这里又可以分为一般在北京北城区域工作的"北漂"，以及家在北京以北的张家口等地，因为回家交通方便而选择天通苑的"北漂"，还有一些自由职业者，如文艺工作者等。还有一些在天通苑做生意的老板、小老板，以及在天通苑本地打工的人员。

这些人，每一个群体都有自己相对独特的幼教需求，如果幼儿园能够精准定位，也许能有不错的收益。

但是很不幸，这家榕树国学幼儿园的定位非常模糊，可谓"上不着天，下不着地，中间抓不住空气"，最后，苦苦维持了几年时间，以关门收场。这家幼儿园是市场化时代幼教市场里的一朵小蘑菇，曾经快速地冒出了头，但也是在最灿烂的瞬间死去。下面讲一讲这个案例，一是想让大家了解一下市场聚焦、细分的作用，另外也算是对过往的一段怀念吧。

天通苑的幼儿园市场，主体上分三类。

（1）天上的一级。就是我们前面说的，在市内工作的政府、央企、国企员工，还有"北漂"落脚买房的人群。这个群体是北京橄榄形社会的中产核心层，他们既完全融入了北京，也完全接受了北京的幼教标准。

他们对幼教的需求是和市区同步的，虽然消费水平略有高下之分，但是思想上的差异并不大。因此，他们的消费观还是北京主流的幼教消费观——要有品牌，而且是有一定国际教育理念的幼儿园，或者是老牌的公立园。

像榕树国学这样的幼儿园，一方面是单体园，一方面又是新办园，所谓国学特色，与主流的国际教育理念完全不协调。因为我们前面说过很多次，像蒙氏之类的幼教理论，是一个可以实施的、非常详细的体系。

而反观国学概念，且不说幼儿园老师是否能跟家长讲清楚何为国学特色（毕竟这些家长的学历可能高过幼儿园里从老板到员工的任何一个人），更重要的是，所谓国学特色教学还远远没有实现理论化、幼教化、体系化。用一些传统服装、国学画像等形而下的东西做装点，说明不了任何问题，也消除不了家长的任何疑问。因此，这家幼儿园根本抓不住"天上"的这一层家长。

（2）地上的一级。所谓地上的一级，就是天通苑原住民，以及各种拆迁户。这类客户通常三代以上均是本地人，他们消费能力并不弱，但他们更多是看重本乡本土的幼儿园，或者公立幼儿园。因为他们是按照户籍政策生活的，所以有针对他们的配套园，而且，这些配套园的保健医护、后勤主任等，往往也是这个圈子里的熟人。

这些家长关注优质的保育水平胜过教育理念。而老牌子、熟人往往就是优质保育的代名词。因此，作为一个文化上完全不相通，由福建老板投资，由福建高管经营的新建的、纯民营的幼儿园，榕树国学也根本抓不住这一类"地上"的家长。

（3）中间"空气"的一级。这一级，包括了在天通苑本地做生意的小老板、各种自由职业者等。他们流动性很大，对于幼教的要求没有"天上"一级那么高。而又很难融入"地上"一级，按理说，他们这一级，应该是榕树国学这种幼儿园的主攻市场。

比如，当时在这个幼儿园不远处，有一个规模较大的茶叶市场，另有一个燕丹汽配城，这些市场的老板和从业人员，有一定的幼教需求。另外，当地的自由职业者，因为总量大，其幼教需求也不可小觑。

但是，针对这些人群，又必须对幼儿园提出一些特殊要求。比如在时间上，要和这些市场，以及自由职业者的工作时间相匹配，从饮食、文化上，也要和这些人匹配。

茶城的老板中南方人居多，而且通常都是以家庭为单位来京创业。在北京，他们也通常保持着浓浓的家乡风格。要想招他们的孩子入园，就要求幼儿园改变一下饮食等风格。但是，如果要做出改变，又不可避免地会排斥本地的孩子。这是个现实的矛盾。

而且，这些小业主都比较务实。相对于国学，他们更希望孩子能够学一点实实在在的东西，如数学、英语等，不管他们这种想法对不对，但这种想法毕竟是客观存在的。更何况，如何实现国学和英语以及其他学科的融合，这些，都不是这样一家民营幼儿园能解决的。这在精明的业主看来，都会是无限放大的缺点。

即便幼儿园老板是福建人，茶城也有很多福建老板，但是在现实面前，乡情似乎不管用。最后，这些老板们还有一个备选方案，就是把孩子留在老家，让老人带孩子。

留守儿童，虽然听上去有些残忍，但是对于这些能够背井离乡，来北京创业打拼的人来说，也算不上什么了。我曾经和一个做茶叶生意的福建姑娘聊天，她是老板的表妹，在北京工作了五年左右，除了每年春节回乡外，在北京没有休息日，一律守在茶城。

和她一起守茶城摊位的还有表嫂。表哥则在外跑大客户。这姑娘来京五年，没见过天安门，没去过故宫，没登过长城，一门心思做生意。而她表嫂，生了孩子之后，较少来摊位，一边照顾孩子，一边打理自家的会所，就是离此不远一个租来的公寓，用来招待大客户。

对于这样的创业者，想给他们提供幼教服务，想从他们身上挣到钱，不采取一些针对性的措施，也很难成功。

所以，这家榕树国学幼儿园在招生上，似乎想"通吃"，但是对任何一个特定的细分市场，都没有绝对的优势，也没有做特定的定制化取舍。舍得舍得，有舍才有得，要有断舍离的勇气，放弃一些虚无的市场，才能抓住真正属于自己的那一部分。

榕树国学这家幼儿园早已不存在了，但它代表的正是无数投入真金白银又折戟沉沙的幼儿园。我们不希望这样的悲剧不断上演，因此，此时重新提及这个案例，与大家共勉。

第四节　将"四化"模型作为
幼儿园的决策手段

一、决策是技术而非经验

对于决策精准化，相信大家都不会存有异议。但是如何实现决策的精准化，也就是招生决策精准化的技术方法有哪些，还需仔细探讨。

对一些管理水平比较高且管理比较严格的幼儿园来说，招生的数字受到高度的重视，不少领导时刻紧盯招生的数字，紧盯环比、同比的增长，紧盯招生活动的方案，紧盯每次活动的反馈——有多少家长咨询，又有多少家长愿意来园参观，等等。对于传统的幼儿园来说，这已经是很高强度、很精细化的招生管理了。

但是，通过研究我们发现，这些招生管理工作有一个特点，那就是量化的、精细化的管理动作往往只是集中在结果的管理上，而对包括招生活动在内的动作的管理，则有更多的预测成分和经验成分，距离精准化的决策、距离通过数据的不断积累以提升招生决策的精准化，还有一定的距离。

在我看来，决策是一种技术，是一个技术体系。要实现决策的精准化，通常需要四个步骤，即项目分解化、事件场景化、结果数字化、数字相关化。我们经常说，要用事实和数据支撑决策，但在招生领域，我们都会用到哪些数据呢？

不少幼儿园的所谓的招生数据管理、数字化管理，其实就是招生结果，就是环比、同比的增减。难道这就是决策数据化？如此，数据化也未免太简单了一些。

招生是一项系统的工作，招生的精准化、数据化管理，就是要对产品（幼儿园的服务）、价格（幼儿园收费）、销售模式（招生模式）、政策体系（招生政策）等的决策进行数据化管理。由此，需要一系列有逻辑的技术性支撑。那么这些数据从何而来呢？

二、通过"项目分解化"让一切问题变得容易

前面我们讲过，普惠时代幼儿园的招生是一个涉及幼儿园综合管理的体系性的工作。这样一个工作，要想用简单的数据来描述，是非常困难的。通常我们也只能用一些简单的招生数量及同比、环比这样的数据来描述。但是这些数据的指导意义何在呢？

其实，对于这样复杂的系统性工作，我们首先要考虑的不

是去整体描述它，而是进行分解。要知道，所有复杂的工作，只要不停地分解下去，就是一系列最简单的常识性的工作。

比如，我们说人生，是不是很复杂啊？但人生是可以分解的。学龄前，是幼儿的发育阶段，生理上的生长是第一要务。从入小学到大学毕业，是学习阶段，学习是唯此为大的任务。大学毕业到三十岁左右，虽然可能面临继续学习，或者工作等事情，但核心的问题是婚恋与生子。

真正进入三十岁，一直到五十岁，是事业的黄金期，这一阶段是要在事业上实现自己的人生价值。而到老，则要面临老有所养、老有所为、老有所乐的任务。

这样一来，人生这个复杂的系统工程，就变成了几个大项目。而再细分，比如婚恋阶段，又可以分为若干事件，如确定婚恋对象、恋爱、结婚、备孕、生子等。

而每一个事件，又可以分解成若干事件。比如结婚，可以分解成求婚、见家长、订婚、筹备婚礼、买房、婚礼庆典、蜜月旅行等事件。

而事件也可以再细分成若干动作。比如求婚，可以分为选择时间、选择场景、献花、背台词等动作。这样一来，所有复杂的系统性的工作，都会变成简单的常识性的工作。

对于招生而言，也是一样。我们同样可以将招生这个工作，向下分解，从一个系统工作，分解成若干项目，再分解成若干事件，最后分解成一些常识性的动作。将招生工作分解之后，数据的获取就变得容易了，我们才有可能获取到对工作有指导意义的数据。

三、通过"事件场景化"让一切要求都能落实

将招生这样的系统工作进行分解的意义是什么呢？是精准化地进行管理，是提高我们决策的精准度。但是，即便是对于简单的事件，我们也未必能够精准化地进行管理。

通常，我们会对一些工作提出一些定性的要求。比如，工作再认真一点，数据再翔实一点，态度再好一点，等等，这些要求，除非员工主观上有强烈的动机去做好，否则，很难落到实处。

我们举个最简单的例子。一个汽车的销售部门对研发部门提出要求，要让汽车的密封性能更好一些。而汽车的研发部门很快就回复，我们的密封性能已经非常好了。这样，公说公有理，婆说婆有理，很容易扯皮，更无法改善工作。

针对这种情况，我们就要提出一些具体的要求，即事件场景化。也就是说，在某个场景，我们要达到什么样的要求。比如，如果汽车销售部门明确地提出，汽车在洗车时不能进水，那么这个明确的、场景化的指标就很容易被研发部门采纳并改进。

同理，在招生时，对于分解后的各个动作，同样可以实现

场景化的管理。实现场景化就是有了标准，工作有了标准才能落实，能够落实的工作才可能量化并取得数据。

四、通过"结果数字化"让一切结果可以量化

一旦这些具体的事件实现了场景化，我们就很容易得到数据化的结果。比如，一个家长受到邀请后到园的频次，在听我们讲解问题时，从听讲解到打断讲解开始提问之间的时长，在我们展示的某一个场景下停留的时间，等等，这些，都有利于我们改进具体的招生工作。

通常，招生工作呈现哑铃状，即注重活动的方案设计和结果的数据统计，这是哑铃两头大，对活动中间过程的把握力度小，这是哑铃的握把。而通过对招生工作的分解和场景化的管理，招生工作可以改变哑铃的形状，丰满起来，变成依据过往数据制定方案，根据实时数据把控过程的系统化管理。

在整个过程中随时监控、随时调整、随时改进，避免到招生结果已成定局时再去总结、检讨。我们并不是说总结与检讨没有用处，但毕竟其只能对下一次招生工作起到指导作用，而本次招生工作中无数可以把控、改进的环节，都被我们浪费掉了。

五、通过"数字相关化"让一切数据为我所用

最后，我们来说一下数据的相关化的问题，这也是精准决策的关键性问题。

通过把工作分解、提出场景化的要求，可以得到很多的具体的、细分的场景化下的数字。比如家长对招生提问的次数、每次提问的时长、提问的关键领域、参观的平均时间、参观停留时间最多的场景，甚至从停车到入园所用的时间，等等。

如果再主动一点，我们还能通过调研得到周边区域的人口总结构、家庭成员结构，甚至小区夜间的亮灯率、平均关灯的时点，等等，我们会得到很多数据，在这大量的数据中，包括很多看似有一点用，或者完全没用的数据。这些数据怎么能够成为有用的结果呢？搞这些数据不是劳民伤财吗？接下来探讨一下这些数据的应用方法。

大家知道，万物关联，这是一个哲学真理。我们得到大量的数据之后，重要的是去找到这些数据与我们招生工作的相关性。下面的两个案例，就是利用数据的相关性来指导具体工作的，希望能够对大家有所启发。

第一个案例，是国家电网抓逃电的案例。

大家知道，超市和洗浴中心，都要用电。但是超市是关系着老百姓日常生计的行业，国家电网对超市的用电有一定的价格优惠。

早些年，国家电网发现一个问题，因为很多洗浴中心里面也会有一些零售部门，也能开零售业的发票，所以这些洗浴中心往往喜欢假冒超市，支付较低的电价，这造成了国家收入的流失。但国家电网要想管理这个问题，不仅工作量大，而且还面临着基层在实际操作中的一些灰色地带，成果并不明显。

如何解决这个问题呢？从数据入手。国家电网拥有各个用电单位用电的详细数据，包括用电的总量、用电的时间、用电的时长、用电的峰谷等，有各种各样的数据。通过对数据的相关性进行分析，得到了这样的一个规律，那就是洗浴中心用电的时间、峰谷和超市完全不一样。超市通常是从上午开业到晚上关门，用电量非常均衡。

而洗浴中心则完全相反，它白天的用电量很少，而到晚上，尤其是深夜非常多，这就和普通的超市形成了完全不同的用电曲线。如果把这些以超市名义缴电费的企业的用电曲线图画出来，可以很明显地看到一些企业用电的不规律性。通过这个方法，国家电网把这些洗浴中心通通抓了出来，可谓一抓一个准。

这是一个比较简单的案例，只是利用了一个时间的相关性，就找出了如此多的问题。那么，可想而知的是，在招生的过程中，我们可以通过很多事件的相关性，来预判我们招生的成果，预判我们每一次活动的成果。通过预判，实现招生工作的实时的过程管理。

第二个案例涉及比较复杂的相关性分析。

这是一个高校的案例。一个大学，想提高学校的管理水平，要测试一下学生的学习成果。但是大学不会像中学那样，去进行月考、季考、摸底考等，通常只是到了每学期末，才知道一个具体的结果。为了改善教学管理，学校提出了通过数据相关性分析来评估教学管理的方法。

学校有一些数据，类似于上一个案例中提到的用电量。学校拥有校内不同的场所，如教学楼、图书馆、宿舍楼的用电量和用电时间的数据。学校还拥有各种便利店（如图书馆里的便利店、教学楼前的便利店），校园内的小超市、不同地点的食堂、餐厅、网吧的营业额数据，学校甚至还有一些外卖的记录。

这些数据，看上去和教学成果没什么必然关系，但是，通过建立数据的相关性分析，可以通过一定的数据，抹平个性数据的不确定性，找到学生总体活动的规律，建立相关性分析的模型进行分析，也可以对教学成果作出预测。

当然，这个案例比之前的要复杂一些，我们讲这个案例是想说明，像招生这样复杂的活动，可以通过对各种领域内看似不相关的数据进行综合分析，得到对我们工作有指导性的结论，从而用在我们作决策的过程中。这个结论，切记，它一定是超前的分析，而不是事后的统计。

第五章
普惠时代需要个性的战略和精准的策略

第一节　战略是实战的总原则，决定实战的胜负

一、个性化是普惠时代战略的灵魂

在做到决策精准化后，幼儿园就有能力在招生工作中制定个性化的招生战略。

大家都知道，很多企业擅长模仿，有样学样，亦步亦趋，导致同质化严重。比如一样的市场、一样的顾客、一样的偏好、一样的渠道，以及一样的设备、一样的技术、一样的产品、一样的规模、一样的手段、一样的资源、一样的关系、一样的思维、一样的问题、一样的约束、一样的企业等。

随之而来的则是同质化的竞争不断升级，将更多的资源投入市场竞争，直到达到"你死我活"的企业厮杀。在这种大环境下，企业的命运只有一个，要么被竞争对手绞杀，要么打败竞争对手。

对于幼儿园也一样，你雇用外教，我也雇用外教；你引进课程，我也引进课程；你加特色，我也加特色；你搞活动，我也搞活动；你添器材，我也添器材。总之，你有的我一定要有。

在普惠前，大家处于分层竞争的格局，尚可允许一定的差距存在，而在普惠之后，大家收费相同，如果在产品上有所差距，就会被竞争对手迅速甩开。

这样，就造就了幼儿园竞争之间的盲目跟风，缺少独立的思考，缺少个性化的战略。在这种情况下，与其大家共同沉沦，不如用全新的战略思维，打出一片新天地。

所谓招生的战略，是根据幼儿园自身的资源和能力，来确定招生的原则、思想、方向和布局。既然我们已经有了精准的自我认识，对自己的发展方向和目标市场有了清晰的认识，那就可以根据自身的资源与能力，制定个性化的招生战略。

在一个小区域内，对于相对弱势，在资源与能力两方面双双欠缺的幼儿园，可以面对现实，要以生存为第一要务，通过游击战，农村包围城市的战略，深挖各个细分市场，不和优势园直接对撞，在生存的过程中不断培养自己的能力，徐图发展。对于有一定能力优势的幼儿园，不能贪大求全，而要认真地考虑是否暂时战略性地放弃自己不擅长的领域。

比如纯粹的高端园，在办园质量上确实有优势，但在普惠的背景下，是固守高端，以静待变，还是降维打击，去跟普惠园虎口夺食？对于一个区域内的中端园，如果共同面对一个强者，是否可以犹如当年吴蜀联合抗曹，考虑合纵连横？

双方各自发挥自己的优点，共同分流强者的市场，在双方良性竞争的同时达成一定的合作。这些，都需要在对自身、对外部有精准的认识以及精准的定位的前提下，制定个性化的战略。

二、北京望京某高端园的"借势腾挪"战略

战略的问题，相对抽象，我们还是举例来说。

前面说过望京的幼儿园市场。在普惠之后，原有的民营园基本实现普惠，而为了抢占望京的高端市场，青苗幼儿园（望京外部的非普惠高端园）在此时战略性地进入了望京市场。我们从望京原有的幼儿园中选取一家高端园作为案例，看其如何应对普惠转型与青苗幼儿园进入这双重挑战。

这个幼儿园原本是望京顶级的高端园，在普惠之后，该何去何从？如果坚持纯高端和高收费，政策上不允许。如果全面地普惠化，一方面等于自废武功，自砸招牌，放弃多年来高端园的能力和资源；另一方面，因为地处望京，家长的消费能力较强，原有的家长也不接受全面普惠。

那么，未来望京这家高端园该如何制定自己的招生战略？根据自身的情况，这家幼儿园制定了"借势腾挪"战略（以下将这家幼儿园简称为 YB 园）。

首先，YB 园不能完全放弃高端市场。因为多年来的投入、定位、品牌，以及家长的口碑、认同，还有望京地区的消费水平和实际需求决定了高端市场空间巨大，有利可图。但是在普

惠时代，又有青苗等高端园进入，如何保住高端市场？在青苗之类的非普惠、纯高端园竞争者进入后又如何与之竞争？

YB 园园长通过分析得知，望京地区的高端消费是一个比较大的市场，在高端市场中，准备走国际学校，未来走纯国际化路线的只是极少的一部分，更多的家长并不准备让孩子在受教育的阶段完全脱离中国社会。

就是说像青苗这样的依托自己的国际学校，纵向一体化的高端幼儿园虽然定位高，但是基本盘并不大，YB 园大可以把这极少数的国际园的市场份额让给青苗园。但是在其他高端市场，要牢牢地卡住。

YB 园利用将外教、特色课外置，打包作为附加产品的方法，一方面保持了高端园的定位，一方面巩固了原有在园的家长，保持了定位，保持了口碑。因为普惠，作为小区配套园，以部分产品外挂这种方法，又可以享受一部分税费减免，得到一定的补贴。这样，YB 园就在保持高端定位的同时，又与青苗拉开了价差，确立了价格优势。

这时青苗在高端市场相当于一个图腾式的存在，它更多的意义是告诉望京未来的家长，除了普惠以外，还有一种叫作高端幼儿园的存在。

但是通过价格的卡位、长年的口碑，以及配套的区位优势，YB 园则要吃掉除纯国际化幼儿园之外望京的大部分高端幼教市场，让青苗园保持曲高和寡的状态。

在望京地区，其他民营园在转惠普后，位势上要弱于周边的公立园，但 YB 园对于内部已经普惠的部分，YB 园园长充分地利用 YB 园原有的高端定位的品牌影响，提升自身普惠园的品牌，通过以高端拉普惠，成功地将普惠园的品牌位势拉高，形成如同宾利带动旗下 MINI，让 MINI 变成总价较低的高端品牌的效果。

通过这样的操作，YB 园将在消费者心中形成一个高于普通普惠园的定位，但价格类似，这让家长很有超值感、获得感。

YB 园首先收割当地公立园的市场，在家长们心中，确立了"如果选择普惠，YB 园的普惠园优先"这样的一个认同心理。而望京地区原有的公立园，如花家地幼儿园，以及后来的国资园，也就是朝花集团的同胞兄弟园，就只能顺位去抢其他民营普惠园的市场，其他民营普惠园的招生则顺位下降。

这样一来，YB 园在普惠的过程中，通过一系列的"借势腾挪"，让出了当地最高端定位的帽子，但收获了高端消费的里子，在普惠领域，也占了头把交椅。

在望京地区，在普惠时代，YB 园就通过自己的"借势腾挪"战略，成功地打造了这样一个招生的格局：青苗居上，高端但小众，YB 园等普惠了的高端园在普惠后依旧保持了高端定位，居于高端园的第二梯队，稳稳占据最主流的高端市场。

而 YB 园等高端园的普惠园则占据普惠市场的顶端，其次才是公立园，再次才是民营中端园，而民营中低端园仍然处在食物链的最底端。普惠对于高端园来说，看似不太友好，但是，YB园通过个性化的战略，依然可以化危为机，在高端和普惠这两个领域，都占据了最优质的市场，这为其深挖优势家长客户需求，提升其他领域的收益奠定了基础。

YB园的"借势腾挪"战略，是普惠时代个性化战略的一个经典案例。那么，我们再讲一下之前提到的中山光阳幼儿园。

三、广东中山光阳幼儿园的"合纵连横"战略

前面讲过中山光阳幼儿园虽然自我定位高端，但并没有高端的核心优势，其具有一些核心优势是因为小教室导致的低幼家长对幼儿护理的满意度高。在这种情况下，光阳幼儿园也根据实际情况，制定了自己的"合纵连横"战略。

既然自己在低幼护理这一领域拥有核心优势——尽管我们说它这个核心优势是偶然得来的，但毕竟得到了家长的认可——那么就把这个核心优势发挥到极致，打造中山本地在低幼领域最优的品牌和最佳的口碑。毕竟小班小容量，人均护理资源多，这是无法改变的优势。

在确立这个品牌之后，和当地头部的幼儿培训机构合作，由培训机构向中山光阳幼儿园推荐生源，双方确定推荐后的分成。通过合作，当地头部的幼儿培训机构有了光阳的背书（能够优先进入中山低幼保教质量最佳的幼儿园）。这便是对这些头

部培训机构的认可，也增加了该机构的市场竞争力。

而光阳在拥有了更多的低幼入园儿童后，一方面可以制造供不应求的局面，引导着家长的心理，造成稀缺效应；另一方面，可以对幼儿进行一些选择，选择身体强壮的幼儿，选择配合度高的家长，形成良性循环。由此，在低幼这个领域，光阳的优势地位更加巩固，品牌越来越强，收费也更高，可以说，低幼领域已经成了光阳的利润奶牛。

而针对原来中班、大班转园率高的问题，光阳一方面引进课程体系，弥补短板（但短板只能是弥补，因为其他幼儿园也有自己的课程体系，存在同质化，并无绝对优势）。另一方面，既然光阳园的孩子大概率会在中班、大班时转园，那光阳幼儿园干脆主动减少中班和大班的规模。

通过和一些中、大班办园质量较好的幼儿园达成合作协议，将光阳要转园的中班、大班的孩子优先转到这些园去。每转园一名儿童，对方幼儿园要付给光阳一定费用。

这样一来，留下的孩子数量相对较少，家长配合度却比较高，光阳幼儿园可以加强师资，将中班和大班做成小而精的精品班，最终提升了中班和大班的市场口碑，投入的成本也完全在光阳幼儿园可承受的范围之内。

这样一来，逐渐形成了一种层层筛选、宽进严出的格局，客观上形成了光阳幼儿园良好的口碑。最终在幼儿园内部，形成以小班为利润奶牛、为主要利润来源，中班、大班是明星，主打品牌形象的新格局，由此，逐步坐实幼儿园原来的本地高端园定位。

可以清晰地看到，中山光阳幼儿园通过"合纵连横"的策略，向下，和幼儿培训机构合作，形成稳定的合作关系，在保证优质生源的同时加强在固有的低幼领域的优势；对上，和其他幼儿园形成中班、大班孩子的输送机制，在保证一定收益的同时，也减少了竞争，增加了协同。

在确立本地品牌之后，光阳幼儿园迅速向中山周边幼教市场竞争相对不太激烈的市场扩张，在品牌影响所及之处，利用品牌溢价，实现较高的收益。

上述两个案例，一南一北，一个是横向的在区域市场辗转腾挪，利用普惠之机，进一步巩固并扩大了自己的市场位势；另一个是在业务链上纵向合纵连横，把自己的优势发挥到极限，化劣势为特色，最终实现整体品牌的提升和幼儿园的区域连锁扩张。这二者都是在精准的自我诊断和明确的细分市场的基础上制定的个性化战略的经典案例。

所谓甲之蜜糖，乙之砒霜，跟随宜有度，战略切不可照搬。

第二节　没有策略的战略是空中楼阁

一、优势与劣势下的多种策略选择

有了个性化的战略，就要有相应的、清晰的策略。所谓招生的策略，就是招生（营销）制胜的基本途径。

相对弱势的幼儿园通常可以采用以下策略。

比如局部战。处于相对弱势地位的幼儿园，如果制定了回避强势园、抓细分市场，实施"农村包围城市"的战略，那么就要有清晰的策略，选择自己擅长的领域开展局部战。优势的幼儿园在软硬件各个领域都有自身的优势，处于弱势地位的幼儿园难以在短时间内同时超越。

因此，相对弱势的幼儿园，可以在家长较为关注的领域，重点性地加强建设，通过更高的性价比，在一个局部形成自己的优势。那么，找到这个发力的领域，找到发力的方法和宣传的方法，就找到了这个策略的核心所在。

又如接近战。优势的幼儿园在招生过程中往往分工明确、层级明显，这是一个规范的幼儿园的常态。相对弱势的幼儿园如果在战略上无可回避，必须和优势园正面对决，也要有相应的总体策略，否则只能输得更惨。比如，可以减少招生的层级关系，当优势园的招生老师出场时，弱势一方由保教主任出场；在家长参加活动时，园长尽量能够陪同。

毕竟规范的大园和亲情的小园是矛盾的两个方面，二者优势不可兼得。通过缩小招生营销的层级，增加家长对幼儿园的了解，取得信任感，让权威直达终端，让决策接近市场，这就是所谓的接近战。

还可以采用捣乱作战。弱势幼儿园可以对标优势幼儿园，针对优势幼儿园的特色，弱势园也推出同样的特色，也许弱势园不能战胜优势园，但弱势园有能力让优势园的利润大幅下降。最终，弱势园要达到逼迫强者坐下来谈判协商，划定各自的势力范围，在细分市场上进行区隔的目的。

要切记，捣乱作战的重点是打乱别人的招生节奏，追求的是结果，是以战促谈，而不是捣乱本身。

对于相对弱势的幼儿园来说，如果能够集中精力去培养一两个固定合作的单位成为大客户，也是很好的选择。

一方面，相对弱势的幼儿园往往组织能力更差，而开发大客户通常是由高层出马，这在一定程度上回避了组织能力的弱点；另一方面，大客户便于进行统一管理和统一服务，通过特化的服务，使大客户感觉到被尊重，有超值感，而幼儿园也可以通过特化的服务掩盖一些基础领域的弱点。

最后，大客户的出现，本身就是对幼儿园的背书，可以提高幼儿园的整体形象。这对于弱势园来说，是一举多得的好事情。而对于大客户来说，与幼儿园合作属于集采，作为第一大客户，总是能够获得一些超额的服务。这些，在更高端的幼儿园，往往是做不到的。所以，大客户策略也是弱势幼儿园的一个重要市场策略。

我们只是列举一些策略进行简要说明。在实战中，策略则要根据不同的战略度身定做，如各个击破、重点攻击等。

而当幼儿园处于相对强势地位时，也有自己的策略选择。

比如跟进作战。共享单车就是一个跟进作战的极佳案例。几年前，共享单车是创业的风口，不少年轻人没日没夜地拼命出方案、找资源、拉投资、搞运营，觉得这是改变自己命运的机会。共享单车甚至一度被评为中国新四大发明之一，一时风头无两。

但当时创业的团队，都是草根团队，创业的苦活、累活都是由创业团队来完成的，而一旦创业团队将投资人的钱烧完，完成了试错，获得了相关行业政策的支持，完善了运营体系后，时过境迁，这些共享单车的主人却变成了阿里、腾讯、美团等在技术和资本上处于支配地位的大鳄。

这种不急于试错，静观市场创新，然后有选择地跟进的模式，就是强者的跟进作战。这种现象也存在于幼儿园行业。弱势的幼儿园为了改善自身处境，在招生领域往往有创新的冲动。而对于很多优势幼儿园来说，则是稳字当头，不会为一个概念、一个潮流去冒品牌和口碑的风险。

优势园总是会在弱势幼儿园充分实践、试错，得出一个相对清晰的结论时再进行跟进，往往也为时不晚，甚至因为后发优势，可以少走很多弯路。这是优势幼儿园面对挑战时最常用的策略之一。

再如广域战。广域战特别适合一些直营连锁幼儿园。一个直营的连锁品牌，在各个区域市场上，不会全部都处于优势地位，也不会全部都处于劣势地位。

通常，大约会在10%~20%的市场上处于优势地位，利润也比较高。而同样在10%~20%的市场上，会遇到各种麻烦、各种竞争。在其他市场上，则处于一个相对均衡的位势，有相对稳定但不太突出的利润。这是一个正常运营的直营连锁幼儿园的普遍状态。对于这种情况，这些连锁幼儿园可以采用广域战的策略，取长补短，以优补劣。

从全局来看，连锁园总可以用旗下优势园的一部分超额收益来补偿弱势园的亏损，连锁园可以允许一部分弱势园在一定时间内，以较低的价格和较高的投入去战胜区域内的竞争对手，这是策略性的亏损。

一旦在这些弱势区域翻身，树立了优势地位，则可以恢复相对平衡的收费和支出。这样，从广域来看，一个连锁园的优势较单体园总是明显的。

其他，还有很多针对性的策略，如效率战、距离战、总合战、诱导作战等，不一而足，各个幼儿园应根据个性化的战略来确定自己的策略。

二、优势者新时期的整合发展策略

珠三角地区是中国制造业高度集中的区域，外来的务工人员非常多，而且普遍年轻化。因此在珠三角地区，有很多幼儿园有清晰的战略，那就是为当地的外来务工人员服务。但是，中国制造业的格局在不断变化，用工荒，招工难，甚至疫情等的影响，对于这一战略的实施都有着较大的影响，曾经只要开园基本就能招生满园的时代已经一去不复返了。

传统上，这些服务于外来务工人员的幼儿园大部分属于中低端幼儿园，以价格为核心优势。而新一代的务工人员，总体上的人数比本世纪上个十年要少，但员工对于幼教的重视程度越来越高，越来越多的年轻家长不能接受留守儿童的教育模式，而是希望把孩子带在身边，希望孩子能在发达地区受到更好的教育，原有的低端园已然不能满足市场需求。

而这些新生代务工人员既要工作，又要照顾孩子，非常困难。在解决员工孩子入园的问题上，一些企业反而走到了幼儿园的前面。因为企业想招到人，想留住人，就必然要考虑幼教的问题。诚然，企业没有义务解决员工子女的教育问题，但若能在这方面出一份力，就建立了与员工更为亲密的关系纽带，但这条纽带需要汲取企业的营养。

其中，比较有特色的是广东芬尼克兹节能设备有限公司。创办于 2002 年的芬尼，主要从事空气能热泵、净水器产品的研发、生产和销售。2016 年新三板上市之后又自行决定摘牌。这家公司有一种非常有特色的裂变式发展模式。就是企业在自己的办公区域，创办依托、服务于自己企业的创意园，孵化不同的创业团队。当团队发展到一定规模后，就停止孵化，让团队自行发展。

目前，芬尼约有员工 1000 多名，其中 800 多人在芬尼创意园办公，这样一来，企业内就聚集了一定数量有一定学历且比较重视孩子教育的年轻人。而创意园地处广州南沙区，较为偏僻，周围幼儿园少。

如果员工早起送孩子上幼儿园再来上班，行程很赶，下午四点半孩子放学了，但公司还没下班，员工又接不了孩子。为解决这些困扰，让这些年轻人安心工作、创业，芬尼在 2015 年，开始在芬尼创意园的办公楼里创办企业幼儿园（见图 5-1），只招公司职员的孩子，幼儿园职员也享受公司员工待遇。目前幼儿园对在读的孩子实行混龄制，分为花果山和水帘洞两个班。

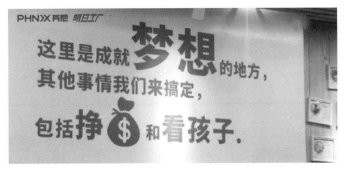

图 5-1 芬尼创业园内的标语，清楚地表明了幼教和企业发展的关系

目前，幼儿园的孩子人数稳定在四五十人，配有教师、保育员共 10 人，园区室内面积有 600 多平方米，设有开放餐厅、活动室、卫生间、洗衣房、厨房等。孩子的活动场地包括两个室内体能活动室、一个悬空泳池、一块菜地和一块沙地。

该园采用意大利蒙特梭利教学法，开办游泳课、格斗课、儿童财商课等课程，培养孩子认知、体能、艺术方面的能力，非常有特色。目前，每个孩子每个月交的费用为 1000 元，公司每年需额外投入 200 多万元用于幼儿园的日常运营。

芬尼幼儿园并不满足广州市幼儿园的开园要求。广州市幼儿教育的管理规定要求幼儿园园舍独立。

广州市教育局在 2017 年 10 月发布的《广州市幼儿教育管理规定（修订草案）》中，要求幼儿园有独立的财务、幼儿园教师需持有幼儿教师资格证，但芬尼幼儿园只有两个教师持有幼儿教师资格证。

教育局确实要求幼儿园教师持有幼儿教师资格证，但鉴于芬尼这样的民办幼儿园无法招满持证老师，便放宽要求。

从芬尼的办园行为上，我们可以看到，幼儿园是企业留住员工的心，得到社会的赞誉的重要途径。每年两三百万元的电视广告转瞬即逝，远不如口口相传的真实福利给公司带来的美誉度。

但问题是，在珠三角地区，一些制造型企业规模小，由于用工难且大多员工来自外地，不得不给员工办幼儿园，负担非常重。即便企业能够像芬尼这样，每年拿出两三百万元办幼儿园，都还不能完全满足当地的办园标准，更不用说一些更小的企业了，办园确实是一个比较大的负担。

那么，机会出现了。对于当地一些现有的，定位于外来务工人员的幼儿园来说，如果前期运营得当，有较好的口碑，又有较强的业务扩张能力，完全可以与这些企业合作，在相近的区域内，整合数家企业，为这些企业提供幼儿园服务。

如果幼儿园达到法定规模标准，成为普惠园，那么，稳定的生源和补贴，就可以让这样的幼儿园和企业一起，共生共荣，甚至在务工人员中建立一种情感性的品牌，随着务工人员的来来去去，将品牌撒向全国。

类似的情况，不只是发生在珠三角地区，在长三角地区，以上海职工亲子工作室为代表的企业办园，也异军突起。在全面放开二胎、员工期待更多福利的背景下，当地不少企业都办起了幼儿园，即使由于资质等缘故无法对外招生，也期望能解决员工的后顾之忧，拉近与员工的关系。对于员工而言，在某种程度上，"福利比收入更重要"。

本书开篇就讲过，中国的幼儿园在发展之初，就是依托于企业，曾出现过企业办园的现象。据《人民教育》的描述，1994年，企业幼儿园在园幼儿326万人，占全国在园幼儿总数的12.4%。

在一些城市，企业成为主要办园力量，广州市企事业办园数量达到全市的 36%，青岛市占到 45%，武汉市占到 77%，株洲市占到 95%。20 世纪 90 年代中后期，围绕"企业要不要将自办幼儿园剥离出去"的讨论很热烈。

1999 年，中国共产党第十五届四中全会通过了《中共中央关于国有企业改革和发展若干重大问题的决定》，国有企业办的幼儿园逐步被分离出来成为社会园，这也带动了民营企业不再给员工办幼儿园。

但是，事情总是螺旋式发展的。今天的企业办园，已进入 2.0 时代，如果说 20 世纪的企业托儿所是对企业办园的"肯定"，那么 20 世纪 90 年代以后企业幼儿园的剥离就是一个"否定"。而今天，企业重新开办幼儿园，则是所谓的"否定之否定"。

这也从侧面说明，虽然幼儿园市场看似竞争激烈，招生难度大，但幼儿园的服务不仅没能完全满足市场的特定需求，反而逼迫企业不得不通过企业办园的方式，自己解决员工子女的入园问题。

这已经是一个非常明显的商机了，对于长期扎根于珠三角、长三角等制造业聚集区，具有对外来务工人员较为丰富的服务经验的幼儿园，完全可以通过整合这些需求，与企业合作、与制造业园区合作，针对务工人员的需求，推出进一步的特色服务。

一方面，可以同时解决若干企业员工对幼儿园的需求；另一方面，从标准上满足政策、法规，从而晋级为普惠园，对上承接政策和补贴，对下直接服务最需要幼儿园服务的务工人员，这就完美地解决了新时期的幼儿园招生问题，也为新时期以满足务工人员需求为战略方针的幼儿园提供了一个可落地的策略性指导。

三、弱势者借势而上的真实策略

上述案例是新时期优势幼儿园采用的整合策略，下面，我们讲一个相对弱势的幼儿园在外部环境变化的情况下采用的借势而上的策略，同样实现了为务工人员服务的战略目标。

近年来，广东的务工人员总体上减少了很多，这是一个大趋势，对于处于相对弱势地位的幼儿园来说，市场形势非常严峻。曾经就有一个针对打工者的低端园——这样的幼儿园在广东简直是再平凡不过了，投资者因为生源越来越少，且自身实力有限，无力与高端园、公立园竞争。

这个幼儿园的投资人认为，针对制造业从业者（打工者）子弟的幼儿园市场是客观存在的，只不过是从广东转移到了其他省份。于是这个幼儿园的投资人制定了一个"跟着产业走，为制造业从业者服务"的战略，和高端园、公立园进行差异化竞争。

但是，在战略实施的过程中，这个幼儿园遇到了很多现实的问题。因为广东的制造业，尤其是劳动密集型制造业在向内地转移时，通常会选择劳动力成本比较低、人口比较密集的地区，如江西、湖南、四川等地。

这些地方消费水平本身就比较低，当地原有幼儿园的收费也比较低，即便能够实现招生满员，以当地远远低于广东的收费水平，幼儿园依然是利润堪忧。更何况务工者守家待业，老人也可以帮忙带孩子，对于幼教的需求并不突出，稍有提费，就会造成生员流失。所以这个战略在实施的过程中遇到了困难。那么，如何落实这个战略？这就需要明晰的、创新的策略。

一次偶然的机会，这个幼儿园的投资人与广州援疆办的一位领导相识。大家都知道，我国东部省份都有相应的援疆办，统一配有一定级别的领导对口支援新疆。援疆办的一个很大的任务就是为新疆引进项目，实现产业扶贫。当时，广东援疆办对口支援的是位于新疆南疆最西侧的某市。

该市是我国最西端的地级市，也是维吾尔族人口最多的城市，与巴基斯坦、阿富汗等国相邻。当地社会封闭，就业机会少，贫困人口多，不稳定因素较多，所以援疆办急需引进一些企业，改善当地的社会结构，提高当地人民的收入，减少社会的不安定因素。

为此，援疆办从广东引进了一些劳动密集型企业，如某企业，其主要制造小型电机，在生产中，需要给小电机绕线圈，这就需要大量的工人，特别是有耐心且手巧的女工，是典型的劳动密集型企业，能够提供大量就业机会。

　　当时，援疆办的领导让幼儿园的投资者去新疆当地办幼儿园。对于援疆办的领导来说，这属于引进一个项目，是政绩，对于幼儿园的投资人来说，这可能是一个机会，因为国家援疆有很多优惠政策，而且当地很缺幼儿园。于是双方一拍即合，将幼儿园引进到新疆某市。

　　但是到了当地，幼儿园的投资人发现，情况并非想象中那么乐观。当地的人虽然收入不高，但是由于维吾尔族人的汉语水平普遍较低，较难进入工厂参加工作，而且当地女性要在家生娃带娃，无法进厂工作；而男性则从事农牧业，工厂的工资相对较少，所以男性也不愿意到这种枯燥的工厂工作，于是引进的工厂招不到工人，生产线闲置。

　　对于幼儿园来说，当地的妇女在家带孩子，那幼儿园自然也就没有生源。虽然这些工厂的岗位很适合当地的妇女，但即使有人想出来上班，家里婆婆也不太愿意。

　　这样，援疆的工作又进入了死循环：跟着招商办来当地投资建厂的企业招不到工人，工厂无法开工，政府援疆的资金也无法落实到具体项目上。这个死循环似乎无法跳出。

　　就在这时，幼儿园的投资人想出了一个策略。他对援疆办提出，可以把援疆的资金补贴给幼儿园，在产业园区里开办普惠的幼儿园。幼儿园对于进厂工作的员工全部免费。女工白天来园区上班，可以把孩子送到幼儿园，由老师照顾，下班再带孩子回家。幼儿园的费用通过援疆资金来支付。

这样一来，对于当地的妇女来说，有人无偿为她们带孩子，她们就可以出来工作挣钱。对于这种安排，大多数妇女都乐于接受。

果然，这个模式一经推开，很多妇女都到园区的工厂工作。每天早上，男人骑着摩托车，带着妻子、孩子来园区。妻子上班，孩子入托，男人去做自己的事。下班时，男人再来接妻子和孩子。不仅工厂招到了工人，运转了起来，社会的气氛也被激活了。

因为妻子在工厂挣钱多了，丈夫也要想办法出来挣钱，不能再像以前那样，种种地，放放羊，混日子。而婆婆也要想办法多做些农活，帮儿子分担一些工作。这样通过幼儿园这一点，盘活了当地整个社会。万万没想到，一个在沿海地区根本无人关注的民营的低端幼儿园，却成了把援疆工作整盘棋走活的关键点。

当这个模式在当地一个园区验证成功后，这家幼儿园就开始在新疆各地、新疆生产建设兵团的各个团场复制推广。这家幼儿园"跟着产业走，为制造业从业者服务"的战略思想，就通过这种和当地政府、援疆办，以及产业园区高度绑定的策略实现了。

这就是一个非常经典的由精准的自我定位，聚焦务工者这一细分市场，再到制定跟着产业走的总战略，最后由产业（园区和企业）、教育（幼儿园）、政府（当地政府和援疆办）三者合作这一策略来支撑招生战略成功的案例。

类似的案例还有很多。近年来，北京大力疏解非首都核心功能。北京大量的专业批发市场，在京津冀一体化战略下，转移到河北，形成了很多新的、规模更大的专业批发市场，如沧州的童装市场、白沟的箱包市场、高碑店的农产品批发市场等。

这些市场的从业者大部分都是以家庭为单位，他们对幼儿园有很大的需求，这些都是蓝海市场，不少幼儿园的投资者已经关注并开始建设幼儿园。

四、松山湖高端幼教的上位策略

前面所讲的策略类案例，都是以中低端幼儿园为标杆，下面来讲一个普惠时代新建的高端幼儿园的案例——松山湖清澜山学校。

在普惠时代，高端幼儿园是一个备受争议的话题，在家长日趋理性的背景下，高端幼儿园的招生更是充满了不确定性。在普惠时代，不少幼儿园仍然坚守着高端幼儿园市场，是行业的守望者。那么，未来高端幼儿园的市场是否存在？路在何方？这就涉及高端战略下的策略问题。

深圳、东莞是中国经济最发达的地区之一，有华为、腾讯、大疆、比亚迪、OPPO、vivo等一大批著名企业，也由此产生了一大批高端，甚至是国际化的幼儿园教育需求。但是，这些高端的、国际化的需求，长期以来，并没有真正得到满足。

任正非就曾经公开说过，他们的员工，在海外发展，若干年后都不会再回来。并不是因为在国外收入更多，而是因为在国内没有了对口教育。当这些国际人才的收入水平达到一定程度之后，孩子的教育问题往往是决定性因素。

更何况，很多孩子会随着父母在国外读书，如果国内没有真正高端的、国际化的幼儿园、学校与之对接，那父母再不情愿，也只能选择继续在国外发展。除了走出去的这些高端消费者之外，还有引进来的大量国际化的需求。

例如，任正非就说过，要加大吸引"外教"来中国工作的力度。华为的研发人才中，有一定数量的国际人才，这些人，对高端、国际化的幼儿园服务的需求更加刚性。

总之，这些人所需的高端、国际化的幼儿园服务，是真正意义上的，对标国际先进水准的幼儿园服务，绝非国内某些伪高端园所能满足的。这样的幼儿园，必须雇用合格的外教，才能支撑一个高端园的形象。

因此，当华为准备在东莞松山湖建设新基地时，就同步规划了包括幼儿班、学前班、小学、初中、高中的国际化学校，以满足这些刚需。

松山湖原本是位于东莞市大朗镇境内的一个大型天然水库，后被政府部门以湖泊为中心，将大岭山、寮步和大朗三镇靠近松山湖的部分边缘地带划分出来与湖泊区域重新组合形成新的国家级高新技术产业开发区。

华为公司从 2015 年开始，以低价购得了松山湖畔的地块，投资 100 亿元开始建设松山湖基地。整个松山湖项目的占地面积约 1900 亩，从小镇的一头到另外一头的距离有 6 千米左右，步行大约需要 1 小时。

小镇由日本的日建公司承建，以世界上的经典建筑为设计理念，把小镇打造成一个历史建筑的博物馆，给员工和客户一种人在画中游的梦幻般体验，是一座集办公、娱乐、生活于一体的大型产业园区。

小镇内设有 12 个建筑群，分别为牛津、温德米尔、卢森堡、布鲁日、弗里堡、勃艮第、维罗纳、巴黎、格拉纳达、博洛尼亚、海德尔堡、克伦诺夫。每个小镇之间都设有轻轨连接，小火车在小镇间循环穿梭，走完整个园区需要 22 分钟，园区内还配置了华为生产的无人驾驶汽车为员工提供接送服务，非常具有未来科技感。这样的环境，是高端国际园的天然选址。

华为为了把大学、研发中心、测试中心等终端业务都搬迁到松山湖，将这里建设成了华为在全国范围内的主要生产基地。而为之配套的高端教育体系，是由华为投资控股有限公司和清华大学附属中学合作举办的一所国际学校，由华为投资控股有限公司出资，由清华附中负责学校的教学和运行，目前已经顺利开学，共开设幼儿班、学前班、小学、初中、高中。

按照目前公开的资料，清澜山学校每年的学费在18万~25万元不等，属于标准的高端教育，其幼儿园也属于标准的高端园。

但是，由于采用清华附中国际课程，以中西合璧的教育理念，博采中国教育和国际教育之所长，保护中国文化中的精髓部分，提供了扎根中国、清华特色的国际教育，真正实现了与价格相符的高端、与国际化对标的中西合璧，因此，不仅不存在招生困难问题，反而成为东莞地区吸引高端技术人才、高级管理人才子女方的一张王牌。

清澜山学校并不是百分之百地匹配华为员工子女的，清澜山学校所在的松山湖作为东莞市政府大力支持的高新区，未来企业会需要更多高端人才在松山湖落户，相信这样真正的高端教育，随着中国经济的发展，随着珠三角地区高新技术企业的不断壮大，随着珠三角地区国际化水平的日益增加，其招生只会越发火爆。因此，哪怕仅仅是校区工程造价就高达1.13亿元，学校的未来依然可期。

可以说，华为松山湖清澜山学校的成功，从战略上讲，是明确为真正高端、国际化需求服务，并没有因为政策的变化而一边倒地去追求普惠。毕竟普惠政策也不是一刀切的政策。而这一战略能够实施，其针对深圳、东莞等地实际情况而制定的个性化策略，则起到了决定性作用。

这个策略，我们可以称之为"去伪存真"的策略。既然要做高端、要做国际化，那就找到真正的高端需求和国际化需求，做出真正的高端、国际化幼儿园。

如果松山湖仅仅是引进一家挂着"高端国际"名头的现有幼儿园，恐怕不仅很难瞒得过家长的火眼金睛，更可能成为松山湖园区的败笔和短板，成为制约区域经济拔节发展的瓶颈。这样的案例并非华为独创，在全国范围内，这类机遇虽然分散，但总量并不小。

如三亚，在打造国际自由港时，建设高端的产业园区，吸引全世界的高端产业人才，同样需要建设配套的幼儿园。而且这些幼儿园定位高端，还能得到当地政府的大力支持。要抓住这样的市场机遇，就需要幼儿园在既定战略引导下，审时度势，制定清晰、可实施、可落地的策略。

上述案例，是针对个性化战略而采取的个性化策略。在具体的实践中，我们还需要对招生的战略、策略进行个性化的分析。切记一切从实际出发，一切从自身出发，切勿人云亦云。

在此，我们作一下对比引申的思考。普惠时代是一个什么样的时代？如果我们狭义地去理解普惠时代，那只是国家通过政策对幼儿园收费进行限制，并进一步增加公立园比例的时代。

但如果我们放宽历史的视界，站在更高的层面去看，普惠政策的背后，是国家基本面的巨大进步，这包括了产业的进步、产业的升级、产业向不同区域的转移，在此背景下，不仅仅是国家更具财力与能力，在推动幼儿园的普惠化，仅就市场本身来说，也会因为国家经济发展的变化而产生变化。

上述三个案例，其实更多地反映出了经济发展带来的市场的情况的变化。而幼儿园要做到的是，在普惠的政策背景下，依托策略层面的支持，更快、更好地去适应市场的变化。对于低端园而言，普惠政策并不仅仅是救人于水火的及时雨，更是低端园发展的社保卡和加速器，使得低端园能够有精力去考虑发展问题，而不仅仅是聚焦目光于明日早餐。

对于高端园，甚至国际园来说，普惠时代，市场对真正的高端园、国际园的需求并没有减少。

普惠政策是挤去了纯市场化时期高端园的虚假泡沫，让披着高端园、国际园名头的伪高端园、伪国际园退去光环，也让并没有真正高端需求、国际需求的家长冷静，让真正高端园、国际园在另一个独立的赛道内顺利地发展。

这些高端园、国际园，在自身发展的同时，也能更清晰地为行业的发展做出榜样。

第六章

最审慎的消费需要最有逻辑的战术

第一节　普惠时代的招生战术复杂化、逻辑化

一、战术是实现目标的终极手段

无论什么样的战略、策略，在执行时一定要通过战术来落地。所谓招生的战术，就是在招生过程中的战斗编组、战斗队形和攻击手段。

招生的战术，往往是各种线上、线下的招生讲座中的重头戏，各种奇招、妙招层出不穷。但本书的主题是普惠时代的招生之道，要从普惠时代理性化教育消费的基本逻辑出发，我们假设客户（至少是绝大部分客户）是理性的消费者。

在这一前提下，一个家长选择幼儿园，既不是非某园不去的盲目消费，也不是被一时的活动、概念打动的冲动性消费，而是经过系统的考虑和考察后，作出的最佳的、最理性的消费选择。

因此，家长选择幼儿园的活动，是一个有充分内在逻辑，由一系列动作构成的完整的消费行为。而幼儿园也必须针对消

费者的行为逻辑来安排一系列的战术动作。所以，我们在战术这一部分所强调的是战术动作的逻辑化，也就是说，我们要根据招生的不同阶段，安排不同的战术。

二、幼儿园招生战术依托的六大逻辑

　　基于普惠时代的理性消费逻辑，我们认为，通常情况下，家长选择幼儿园，会有六个关键的步骤。或者说，幼儿园要想让家长入园，必须分阶段满足六个逻辑（见图 6-1），即实现家长对幼儿园的知名，实现家长对幼儿园的知晓，实现家长对幼儿园的满意，实现家长对幼儿园的忠诚，实现家长对幼儿园的美誉，实现家长对幼儿园的依赖。

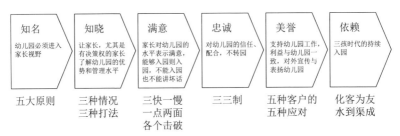

图 6-1　幼儿园招生的六大逻辑

　　六大逻辑阐述如下。

　　知名：是指幼儿园必须进入家长视野。这是最基本的前提，应该不用多解释。

　　知晓：是指让家长，尤其是有决策权的家长了解幼儿园的优势和管理水平。

满意：是指让家长对幼儿园的水平表示满意，能够入园则入园。即使不能入园，家长也不要对幼儿园作负面评价的传播。

忠诚：是指家长在孩子入园后，对幼儿园的持续信任、配合，不转园。

美誉：是指家长认同并支持幼儿园工作，利益与幼儿园一致，对外宣传、表扬幼儿园。

依赖：是指三孩时代的持续入园。对于管理与服务到位的幼儿园来说，三孩时代显然是强者恒强的时代。

上述六个逻辑，可以说是一个家长从开始选择幼儿园到决定自己的孩子要在一个幼儿园内度过宝贵的三年时间的全过程。我们只有根据这个全过程去针对性地设计战术动作，才有可能解决招生过程中的全部问题。

接下来将列举一些战术。战术是灵活的，可以根据实际情况来选择、调整，甚至创新，但是根据家长选择幼儿园的逻辑而设计战术动作，这个道理则是不变的。

第二节　五大原则建立幼儿园知名度

一、建立幼儿园知名度的经济性原则

首先来谈谈幼儿园知名度管理的问题。不少幼儿园在招生不满的情况下，首先会想到是不是幼儿园的知名度不够。于是，很多以提高知名度为目标的活动就轰轰烈烈地搞了起来。各种路边广告、灯箱广告、车体广告、资料投放、地推活动（尤其以演艺为主），都是自认为知名度不足的下意识反应。

但是普惠时代的家长趋于理性，而理性的家长会扫雷式地研究周边的每一个幼儿园，很多情况下，家长比业内人员还清楚周边幼儿园的情况。毕竟，对于幼儿园从业人员来说，这只是一份工作，而对于家长来说，这是孩子的未来，因此家长会更认真、更主动地去了解幼儿园。所以，知名度不够其实是个伪命题。

但是，我们也不能够因此就放弃对知名度的管理。我们认为，在知名度的问题上，至少有五个问题要高度注意。

首先是经济性。幼儿园不是暴利行业，普惠以后的幼儿园尤其需要精打细算。对于知名度这个问题，过度投入，尤其是资金上的过度投入，是资源的浪费，除非是新建园。提升知名度更多是依靠借力，讲究用巧劲，如各种公益活动、社区活动、小区物业宣传栏、家长口碑，甚至是与房地产开发商、售楼中介等进行合作。

总之，在知名度的管理上，要把握经济性原则，适度即可。即使是新建园，也无须过度投入。毕竟家长的眼睛是雪亮的。

二、建立幼儿园知名度的严肃性原则

关于知名度建设的第二个原则，是严肃性原则。

网络上有一个段子，叫作如何通过网站来区分正规医院和骗子医院。段子说：如果一个医院的网站打开之后，都是各种疑难杂症的治愈案例，是各种治愈患者的现身说法，是某诺贝尔奖获得者提出的先进理念，是有各种军医背景的名医介绍，是长相似曾相识的院长的致辞，还有美女客服头像的咨询对话框第一时间跳出来，为患者解答各种问题，随时帮患者办理住院手续，让患者与家属顿感温馨，那对不起，这一定是骗子医院。

如果一个医院的网站打开之后，都是党建活动、廉政建设、职工之家、学术交流、科研成果、院务公开、院校合作、院庆活动，关于就医的内容仅有一个就医须知和门诊出诊表，想挂号还要下载 App，那么就去这里看病，这一定是正规医院。

这个段子说明什么？说明越是值得托付生命的场所、机构，消费者越看中它的正规性、严肃性。所以，我们在招生中会发现，同档次的公立园的招生在 90% 以上要好于民营园，甚至会好于档次略高的民营园。

大家如果有兴趣，可以对比一下公立园和民营园的公众号。不少民营园为了招生，会把一些政府委托的课题建设项目的牌子，醒目地挂在大门口，这都是力图通过严肃的官方背书，来赢得家长的信任。

因此，在幼儿园对外的图文、影视宣传中，严肃性非常重要。当然，严肃只是一个表象，纵然存在热切的招生期望，也要有欲擒故纵的心态。严肃，是相亲时的高冷，是售楼时的紧缺。

在一些幼儿园的宣传中，有两种倾向值得反思。一是过度的"萌"。称呼家长必称"亲"，一行文字必用表情，仿佛不如此不足以表达幼儿园的温馨和专业。但是，这样的幼儿园需要注意，幼儿园不是在对入园的小朋友说话，而是在对受过教育，正是社会栋梁的家长说话，虽然关注幼儿园情况的，以妈妈居多，但还是要以正式、严谨为主。

过度地用萌化的表情，一来有失严肃，二来容易造成理解的偏差，甚至在一些关键领域会造成法律纠纷。最终，使幼儿园在家长心中失去了严肃、权威的地位。

第二种是倾向于大量使用图片、视频。虽然 5G 时代读图与视频已不存在技术困难，但是对于正式的表达，仍然需要有严谨的文字。一千个人心中有一千个哈姆雷特，对于一张图片，或者一个视频，每一个家长也有每一个家长的看法，作为幼儿园，需要通过严谨的文字严肃地表达出来，切不可偷懒。

三、建立幼儿园知名度的正面性原则

关于知名度建设的第三个原则是正面性原则。在 5G 和大数据的时代，大量的信息存在于网络之中，这些信息之所以能够让客户看到，并不是说客户主动查找了多少信息，而是系统会根据客户在网络上的活动，对客户的活动大数据进行分析，对客户自动画像，并根据客户的画像，自动去推荐相关信息。

在贵州，曾经有这样一个幼儿园，其投资人是一位女士，之前从事茶叶生意，自己有茶山、茶园，有自己的加工厂，同时也投资幼儿园。有一次，她的茶厂被雷击中，造成了很大的损失，这在当地成为新闻，被各种媒体和自媒体转载。

但关键问题是，在线上，有她和幼儿园的相关新闻，也有她茶厂的相关新闻，在茶厂被雷击中之后，这些新闻又与幼儿园的新闻自动生成推广链接，在家长之间造成了很不好的影响，大家都觉得这一定是老板干了不可告人的亏心事。但对老板而言，这是雪上加霜的无妄之灾。

所以，在信息时代，我们一定要关注幼儿园知名度的正面性原则，要经常性地关注各种新闻，用包括技术手段在内的各种手段，剔除那些负面的、灰暗的信息。也许这些信息本身和我们没有什么关系，但我们无从预料这些信息会在哪个领域产生哪些影响。而对于一些正面的信息，我们则要努力去推送、转发。各类公益活动、社区活动等的传播渠道，也是幼儿园可以努力的方向。

四、建立幼儿园知名度的时效性原则

关于知名度建设的第四个原则是时效性。在知名度里，我们所说的时效性并不是指及时性。毕竟这不是新闻。我们所说的时效性，是指关于幼儿园的信息，要与时代的精神相符，与时事的方向相符。幼儿园在宣传方面的话术至少应该是"国际的先进理念与中国本土文化的融合"。

这个很重要吗？可能有些人不以为意，特别是一些从事幼儿园教育的基层人员并不在意，但是，请永远不要低估我们中国家长的敏感性和成熟度。当一个幼儿园的办园价值开始背离社会主流价值时，哪怕这个幼儿园再灿烂，也就只是最灿烂的一瞬间了。我们生活在一个百年未有之大变局的时代里，每一个人、每一个机构、每一个企业都是不进则退的。

幼儿园也不是方外之地，孩子的家长更是这个社会的顶流人群，在打造幼儿园知名度时，要从原则的高度把握时效性，这是知名度的基本原则。

五、建立幼儿园知名度的区域性原则

关于幼儿园知名度建设的最后一个原则是区域性。不仅是招生，对于任何一个销售行为来说，超出销售渠道覆盖范围的、超出服务半径的宣传，都是浪费。除了极少数全国性的连锁幼儿园外，把握宣传的区域性，不仅可以节省费用（毕竟省下的都是利润），还能聚焦区域市场，可以更加精准地投放，做到内容、客户的相对聚焦，实现集中资源办大事的效果。

上面就是我们讲的建立幼儿园知名度要把握的五个原则。在普惠时代，幼儿园的知名度本身不是问题，问题是我们需要一个把握了五个原则的知名度。

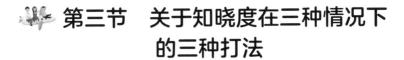 第三节　关于知晓度在三种情况下的三种打法

一、客户知晓度是幼儿园与家长的双向互动

在解决了幼儿园的知名度的问题后，我们需要重点讲一下如何形成幼儿园的知晓度。

什么是知晓度，它与知名度有什么区别？

知晓度与知名度的区别在于，幼儿园要让自己的潜在客户了解幼儿园的基本情况，要把自己想展现给家长的情况，通过种种手段，准确地、有效地、不拘一格地传递给家长。知晓度的形成，对于幼儿园的招生具有关键作用。良好的知晓度的形成，不仅能够极大地提高家长对幼儿园的认同度，更重要的是，通过知晓度的形成，幼儿园可以实现精准的客户聚焦。

比如，当我们向外传递一个高端园的自我定位时，通过客户群中形成的知晓度，会自动过滤掉细分市场以外的客户。通过长期积累形成一个良好的知晓度，可以极大地降低招生的成本，增加家长与幼儿园的信息的对称性，使招生变得越来越容易，越来越简单，最终实现客户（家长）主动上门。

通过知晓度聚焦客户这个环节，是在不知不觉中完成的。如果完成得好，那么将极大地减少未来的工作量；反之，如果完成得不好，客户对我们的基本定位、基本情况不够知晓，幼儿园未来面对的将是更大的工作量。所谓捡到篮子里就是菜，最终却把工作量留到了后面的择菜、分拣和洗菜等环节。

举个例子。我们经常会接到诈骗电话，而诈骗电话的口音往往是大家能够立刻听出来的南方某几个省的口音。基本上，接到这样的电话，大家马上就会把电话挂掉。我们会问，骗子都是聪明人，为什么不能选一个普通话讲得好一点的人来打电话呢？这里面除了骗子的事业不公开、不阳光，有安全因素的考虑以外，还有一个重要的作用，就是过滤、聚焦客户。

试想，如果被骗者连这样一种口音的诈骗电话都无法鉴别，这样的智商，岂不是骗子们最理想的目标客户吗？反之，如果电话的可信度非常高，那么，收罗进大量的客户，包括警觉性很高的客户，是不是极大地增加了骗子后期的工作量和工作难度呢？所以，凡事既然存在，那必然有其存在的道理，我们不妨多思考一下。

当然，我不是说幼儿园做的是骗子的工作，而是说，通过前期的聚焦与筛选，可以极大地减轻后期的工作量，可以让幼儿园把更多的精力放在真正的目标客户上，做更有针对性的准备，而不是在无效客户上浪费大量的时间和精力。

那么，客户的知晓度怎么形成呢？

客户知晓度的形成主要有三个途径，首先是口口相传，除此以外，还包括通过媒体了解，以及到园或打电话的专业咨询，如图6-2所示。将在后面的客户美誉度里面谈及口口相传，现在重点讲后两个途径。

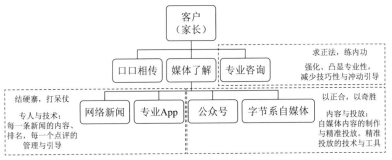

图 6-2　客户知晓度的形成途径

二、以恒心和技术进行舆情管理

通过媒体形成幼儿园的知晓度是建立知晓度的常用方法。这其中又包括两部分内容。

第一部分内容，是使家长通过网络新闻、专业 App 上的点评了解幼儿园，形成幼儿园的知晓度。这种情况下，家长处于旁观者的角度，在家长看来，新闻报告、App 点评是第三方信息，并不是针对幼儿园而进行的有意识的宣传，所以相对于幼儿园对家长的宣贯来说，要更客观、可信度更高、影响力更大。大家可以想象一下，天猫店或美团的一个差评，可以在多大程

141

度上改变客户的消费决策？因此，要高度重视第三方平台上的各种报告和点评。

从一个家长的孩子有入园需求的那一刻起，家长就开始关注周边可以选择的幼儿园的所有信息。因此，第三方平台的各种信息是一个幼儿园形成知晓度的基础。这些平台包括各种网站的新闻、贴吧论坛的帖子和评论、社区各种社交群里的信息，以及像美团、大众点评等 App 上的打分和点评等。

对于这一领域的工作，幼儿园没有什么取巧的方法，因为幼儿园可以主动发出一些信息，但却不能影响其他人发布的信息，因此，这是一项长期、细致，既追求及时性，又需要不断积累的工作。

我们用六个字总结这项工作，叫作"结硬寨，打呆仗"。

所谓"结硬寨"，就是要对网络及第三方平台有一个综合的布局，了解哪些平台上可能会出现关于我们的幼儿园的信息。幼儿园要做的，首先不要主动发布一些好的、有正面引导作用的信息，而是先了解幼儿园的公共舆论阵地在哪里。

通常，家长会关注包括美团、大众点评一类的第三方 App，更主动一些的家长，会去进行网络搜索，在各种贴吧、论坛里和其他家长进行交流，同时，还会有一些社交软件的交流群，甚至周边小区的业主群都会成为幼儿园信息传播的渠道。

这些渠道，都极有可能在脱离幼儿园关注和掌控的情况下，形成客观上的客户知晓度。一旦失控，很容易造成负面影响。

所以，对于一个准备长期在某地深耕的幼儿园来说，找到这些舆论的阵地，形成长期阵地战，要有专人负责，要有绩效考核，这是工作的第一步，即所谓的"结硬寨"。

那何为"打呆仗"呢？在幼儿园所关注的，能够形成知晓度的舆论平台上，幼儿园的工作人员，要关注每一条新闻的内容、排名，要对每一个点评进行管理与引导。客户对于好评，往往惜字如金，但遇有不满，很容易非理性地宣泄。更有甚者，恶意竞争、故意造谣等人性中恶的一面，在网络中往往更容易暴露出来。

这些负面信息都需要幼儿园及时处理。毕竟造谣者张张嘴，辟谣者跑断腿，网络中传播的一些不实信息、负面信息，以及各种点评 App 上的差评等，发现得越及时，处理得越早，影响就越小，后续处理就越简单。

在面对第三方平台时，幼儿园可以主动宣传自己的优势、特色，但更多的，或者说更困难的工作，是去引导舆论，是去解决一些负面的内容。在这一方面，幼儿园会长期处于相对被动的地位，这也只能是利用各种手段、掌握各种规则去应对。这就是所谓的"打呆仗"。

三、以理论加技巧进行思想宣贯

有了在第三方平台上的"结硬寨，打呆仗"，那么关于幼儿园的知晓度的舆情，基本上就得到了控制。在此基础上，幼儿园就可以更加主动地开展一些工作，这就是我们说的通过媒体形成幼儿园知晓度的第二部分内容，即利用公众号，以及其他一些自媒体，尤其是当下红极一时的字节跳动系列的自媒体进行宣传，实现幼儿园对知晓度的主动建设与引导。

可能大家会觉得这件事情很容易，不就是在公众号里发文章，在抖音里发视频吗？很多幼儿园现在就在做这个工作。但是，我们要问，对于招生而言，幼儿园的公众号发挥了其应有的作用吗？幼儿园的自媒体，有没有将我们的理念、优势、管理、硬件等一切想要传递给家长和未来家长的信息传递出去？这恐怕就是一个问题了。

通常，幼儿园都会有自己的公众号与短视频平台，也并不觉得发文章、发短视频是一个很复杂的工作或者是一个负担。毕竟，在手机拍照、拍视频如此便利的情况下，在幼儿园活动场景、活动内容如此多的情况下，在已入园的家长非常想在公众号和视频上看到自己孩子身影的情况下，多发些照片和视频，配几行文字，简直太容易不过了。

但是幼儿园要反思，这种公众号、自媒体，是否就是我们想要的？它传递出去的信息，更多的是已入园的家长在关注，在多大程度上能够让其他家长，特别是未入园的家长关注，并知晓幼儿园的情况呢？

我们经常发现，一个发文，动辄几十张图片，多为董事长讲话、投资人出席、园长讲话的图片，以及炫酷的动画特技，这能说明什么？这对于幼儿园的招生有哪些促进作用？这能够让家长对幼儿园形成哪些理解？恐怕这就不好回答了。所以，用公众号、自媒体形成家长知晓度，还要有一定的技术成分和重视程度。

要想通过主动推广的自媒体平台形成预期中的家长知晓度，就要遵循"以正合，以奇胜"的六字原则。

什么是"以正合"？就是说，幼儿园在主动宣传的过程中，要堂堂正正地向家长推广幼儿园的理念，要利用一切机会，如屏幕上的一切位置和空间、一切图像的说明、一切视频的配音去传递幼儿园想要传递的内容。

戈培尔是纳粹德国时期的教育与宣传部部长，他曾说过："谎话说了一千遍，就成了真理！"当然，我们是不会去说谎的，但我们要通过长年累月不停地明示与暗示，各种手段的宣贯，去展示幼儿园的优势、特色，在客户和潜在的客户的头脑中，形成联想，形成标签，形成 IP。

没有形成这些联想，幼儿园尚且可以努力去改进，形成联想，但如果家长通过我们的公众号、视频，已经形成了一些不好的联想，那要改变已形成的偏见，就非常困难。

比如，这个幼儿园的活动太多了，这个幼儿园发的全是图片，不知所云，这个幼儿园的领导太能讲话、太爱出风头了，这个幼儿园的老板娘太丑了……这就不太好了。形成预期的联想、标签、IP，这才是幼儿园自媒体的建设目标。

各个幼儿园可以自行对标一下，看看幼儿园的自媒体是否达到了这个要求？很显然，大多数，我说的是大多数，不是全部，是没有达到的。如果幼儿园还寄希望于自媒体能够帮助实现客户对幼儿园的知晓，那就一定要在自媒体上，系统地、长期地，既要大大方方地，又要潜移默化地，宣贯幼儿园的基本情况。这就是所谓的"以正合"。

什么是"以奇胜"？传递价值、传递理念，是幼儿园的目的，方向错了肯定不行。但只讲方向不讲方法，没有效率也不行。在这个领域，幼儿园要重点关注的是自媒体内容的制作与精准投放，以及精准投放的技术与工具。

首先来说一下公众号。公众号在很大程度上是替代官网而出现的幼儿园官方平台，是消费者在线上可以看到的幼儿园最权威的平台，只要名字不过于古怪，家长以及其他潜在客户，都能够找到幼儿园的公众号。

公众号分普通订阅号、认证订阅号、普通服务号、认证服务号和企业号几类。每一类的特点并不一样。当然，这也是变动的，毕竟公众号只是腾讯的一个商品。对于幼儿园来说，无论做哪一类公众号，都建议认证。一方面增加权威性、严肃性；另一方面，有很多新的功能可以使用。

幼儿园的公众号有两个主要作用，一是形象展示，二是作为家长了解幼儿园日常活动的一个窗口。很多幼儿园的公众号内容都是后者,老师们也乐意完成后者的内容,毕竟在公众号上多发一些图片,家长喜闻乐见。而家长开心,老师们也易于开展工作。但是前者,往往被有意无意地忽略掉。可以说,公众号的知晓功能,在实际工作中被弱化了。

如果可能,建议一个幼儿园申请两个以上的公众号,一个是订阅号,通常订阅号用于每天向家长展示幼儿园的活动,主要是配合日常的保教工作,起到客服的作用,减少老师与家长沟通的难度,而且订阅号每天可以群发新的消息。另一个是服务号,它的主要作用相当于传统的官网。

幼儿园不要害怕没有人关注服务号。幼儿园的重大消息、公告、通知、各种政策,以及幼儿园定期推出的理论宣贯和幼儿园的管理展示主要在服务号中呈现。服务号还可以开通支付功能,但服务号每月只能群发四条消息(目前),这比较符合官方公众号的权威性。这两者可以考虑分开来运营,因为它们的定位不同。

除了公众号,对于以抖音为代表的,以字节跳动体系为核心的自媒体领域,更要讲究推广的技术。除了内容的制作外,字节跳动体系的技术性非常专业。

不同的账号,如个人号、企业号、新账号、老账号的流量获取模式完全不一样,而且这个流量的规则是随时变动的,需要去研究。是否参加抖音的各种活动、是否参加平台的培训、是否付费、如何付费等都会影响流量的获取。

而除了流量，更重要的是推广的对象，幼儿园抖音号的视频的标签是什么、投放的时间是什么、投放的地点是什么、视频中的关键词是什么等都会影响到视频推广的对象。

假设视频发布的位置定位在北京的 CBD，那它推荐的对象更多的是白领，如果是在老城区的社区内发布，可能效果就完全是另外一回事了。上午十点发布的视频、下午六点半发布的视频，以及晚上九点发布的视频，推广的对象也不一样。这些，都应该按照幼儿园的特殊情况去作针对性的选择和优化。

还有，像抖音等平台，对一些关键词的审核非常严格，要严格地把控视频、文字中的关键词，以防影响整个抖音号的推广。

幼儿园是有精准的客户聚焦的企业，除了少量全国性的连锁园会更注重流量的获取，其他小规模的连锁园，以及大量的单体园，更注重的应该是精准的推广。

毕竟流量有限，对于无关人员来说，这个视频可能一划而过，甚至有些人还会标注不喜欢，这些都会影响抖音号的质量。但如果传递到家长那里，特别是孩子即将入托的家长那里，家长则大概率会点关注。

因此，实现精准的推送比提高点击率更重要。如何精准推送？一方面是利用抖音的规则，对时间、地点、主题、关键词等，不停地优化，让系统更好地识别幼儿园的抖音号，更精准地进行推送；另一方面，也可以策略性地采用一些外部的服务，购买一些功能性的服务，精准地进行推送。这里就不说具体哪款软件以及哪家服务商了，有广告嫌疑。

最后，还要强调，自媒体平台是不断变化的，今天抖音拥有头部的流量，而未来也许会有其他这样或那样的平台，幼儿园也必须随时保持关注。而抖音又只是字节跳动中的一个 App 而已，字节跳动是一个庞大的体系，旗下有头条、西瓜视频、火山、剪映、多闪、皮皮虾、飞书等很多平台，这些平台是互相开放的，可以相互引流，但每个平台的内容、规则又不尽一致。

同是字节旗下的短视频平台，视频的时间、内容，甚至是横屏还是竖屏，也都不一样，所以，幼儿园需要以空杯的心态持续进行研究。幼儿园也可以利用字节跳动旗下的社交平台（如多闪、飞书等）建立群聊，便于分享幼儿园制作的视频内容。

在自媒体传播领域，微信与公众号并不是唯一选择。比较一下公众号和视频号，公众号更注重内容的严肃与权威，是幼儿园形象、水平的体现，而视频号更注重投放的技术与精度，是更加主动地、更加趣味化地对潜在的客户进行宣贯的方式。

四、以初心和专业面对家长咨询

最后谈一下如何面对家长们的主动咨询。家长主动打电话或是来园咨询，甚至是带孩子来园咨询，这说明什么？说明家长对幼儿园已有一定了解，至少是把这个幼儿园当成了重点的选择对象，没有在第一时间淘汰，这是家长对幼儿园知晓、信任的第一步。

因此，幼儿园要格外地珍惜家长的了解与信任，在与家长的沟通咨询中，要强化、凸显幼儿园在管理、保教领域的专业性、正规性，减少依靠技巧揽客的倾向，避免对家长的冲动性消费引导。

所以，我们在这里，强调的是"求正法，练内功"。

务必在最短的时间内，用最明确的语言，将幼儿园要表达的东西，条理清晰地表达出来，在表达幼儿园幼教理念与优势时，引导家长形成与幼儿园相匹配的幼教价值观。

这些工作需要一定的理论与实践功底，既需要相对系统的幼教知识，又需要对幼儿园的日常管理、后勤工作有一定了解，还需要有应变的能力。这就离不开日常的准备工作，离不开精练的话术体系。

很多招生的老师、机构，为了一时的名额，采用了很多技术性的手段，可以说各种手段非常多，因时、因地而异，我们不能一一列举，但有一条：无论怎么准备，幼儿园要知道，这种咨询比拼的是幼儿园的内功。要以幼教的核心能力为质，以招生的技艺为术。质之不存，术将焉附？

举一些负面的例子。比如，有的幼儿园为了表现自己的专业性，引进或自创一些针对低幼儿童的所谓的测试。

通常采用的方法是：幼儿园在家长进行电话咨询时，根据家长对孩子的描述，对孩子作出判断；或者在家长带孩子来园时，幼儿园有专人观察孩子，然后再以专家邀请的名义，请家长带孩子来园测试，如测试孩子的身体机能、测试孩子的心智水平，或者是测试孩子的动作发育等。

无论是通过观察，还是通过测试，最终幼儿园都会告诉家长，说他们的孩子可能存在感观系统失调、专注力不好、平衡能力不好等问题，然后让家长过一段时间来取专业的测评报告。

家长来取测评报告，等于再次来园与幼儿园进行沟通。这些幼儿园或招生机构会借此机会，像看病一样给家长出具诊断结果，并告诉家长：我们的幼儿园不仅能够针对您孩子的问题提供专业的幼教服务，还与专业的机构、名师有合作，开有与您孩子非常匹配的某某课程，您可以试听。

甚至有些幼儿园还会给家长一个价值 9.9 元或者 19.9 元的礼包，可以先行试听，有报名打折的优惠，甚至带其他家长一起报名，折扣力度更大。

这种方法，在一些地方、一段时间可能有效，但这种源于小区内向老年人卖保健品的销售方法，在幼儿园领域注定没有出路，这种方法是以推销为服务，以贩卖焦虑为手段，以谋利为目的，已经背离了幼教的初衷。

更何况以现在家长越来越高的知识水平，如果真有这样的诊断结果，那家长会有何反应？家长绝不会如幼儿园预想的那样，天真地认为把孩子交给这家幼儿园就万事大吉了。

像在北京这样的城市，家长一定会带孩子去儿研所、儿童医院，势必把潜在的问题查个水落石出才行。当家长拿到权威机构出具的权威结果后，发现幼儿园在夸大其词，或者无中生有时，这样的幼儿园在家长心中的地位是什么？这样的幼儿园又有何脸面再次面对家长？

当然，招生毕竟是一个市场行为，我们不排斥一些技术性的安排，但我们一定要强调，"求正法，练内功"，不能偏离幼教的主题，不能偏离教育的初心。在普惠的理性时代尤其如此。

形成家长对幼儿园的知晓度问题，在很多幼儿园的招生过程中，往往被忽略，因为它既不像知名度那样，非常显性，不能让家长一目了然，不能让幼儿园的投资人非常清晰地知道这个幼儿园的管理团队做了不少工作，也不能像招生的现场工作那样，让人觉得，这个招生的老师就是能说会道，能把来咨询的家长留住。客户知晓度这个工作颇有些默默无闻的感觉。

但是，正是对此工作的长期坚守、默默耕耘，才能让幼儿园的价值、形象根植于区域的消费者的心中。桃李不言，下自成蹊，在幼儿园行业内存在"不愁招生的永远不愁招生"的现象，但是，当一家幼儿园在羡慕别人时，有没有想过别人所付出的不为人知的努力呢？

第四节　建立家长满意度的三大战术

一、否定招生工作中的销售思维

如果说知名与知晓是招生工作的战前准备，并且属于炮兵的火力，那么通过打造家长满意度，实现家长决定让孩子入园，就是短兵相接的真正战斗了。这个过程，是很多幼儿园投资人高度看重的过程，他们认为招生就是服务产品的销售。

一些幼儿园，尤其是招生不满的幼儿园，在日常工作中，虽然可以谈管理、谈特色、谈教学、谈质量，但一遇招生，立刻跳转到销售思维，一切工作为招生让路。

但是，我认为，幼儿园的招生工作，是在向家长展示孩子的未来，是在向家长展示孩子未来三年的生活、学习场景，其中要解决家长一系列由浅入深的疑问，要由全员协同，实现家长对幼儿园的满意，这是整体营销的体现，虽然属于战术，但依然是一个系统性的、逻辑性的工作。

而过分强调招生人员的销售能力，强调招生现场的技巧，用销售思维开展招生工作，对幼儿园的招生来说，总体上弊大于利。

很多原来是在销售型公司（如网络公司、服装店、美容院、化妆品、房产销售等）工作的幼儿园投资人，习惯于把销售思维带到幼儿园，这本身也没有错，毕竟没有销售就没有业绩，但是幼儿园毕竟是一个长期的服务型生意。

所谓服务型生意，就是主要依靠产品的品质和服务过程中的细致、深入的工作而产生业绩；所谓长期型生意，则是要自始至终，以敬畏的心态对待幼儿园服务工作的每一个环节。

但在销售型公司工作过的人大多不是这样，他们更坚信"产品怎么样不关键，关键看卖给谁，怎么卖"。于是，他们习惯于夸大服务中的销售技巧，喜欢制定高额的招生目标，喜欢认同伶牙俐齿的招生员、喜欢看重社交能力极强的"八面玲珑"的职业经理人（招生经理）。

而往往这些销售型的思维和销售型的人才都不适合留在幼儿园，道理很简单，销售能力强的人都是渴望挣到大钱的，而幼儿园行业说到底不是一个暴利行业，更何况，本书的主题是普惠时代的招生，那幼儿园行业就更不是暴利行业。

"幼儿园自身都不挣钱，怎么才能让销售员挣到大钱呢？"如果真是一名可以轻轻松松地让管理水平一般的幼儿园招生满员，让各种兴趣课火爆的优秀人才，那为什么还在幼儿园干招生工作呢？去售楼不更好？如果幼儿园的投资人真需要一个见到老板、朋友就要过来敬酒的职业经理人，那还开什么幼儿园呢？直接开家大酒店或酒吧多好。

何况，绝大多数销售型的人才都是"野生"的，他们销售（招生）能力极佳，但是往往性格浮躁、自负、爱玩、多动、团队协作能力差，而偏偏幼儿园是个产品简单、服务用心、管理扎实、组织简单、团队关系简单，甚至营业额都简单的地方，我们渴望招生能力强的员工来提升幼儿园业绩，但同时也不希望这些"野生"能力强的"销售大神"破坏我们幼儿园的和谐氛围。

所以，经营幼儿园第一要务还是扎实做好产品，做好服务，投资人和管理者多与家长真诚互动地交流，这就是最好的经营。

我们不欢迎"野生"的招生大神，但依旧要在市场上开展招生工作，并且高度讲究招生的技术与战术。对于实现家长满意，决定入园这一关键性战斗，没有最优答案，但根据绝大多数幼儿园的情况，总结了一些普惠时代的思路，可以供大家参考。针对这一战斗，我们总结了三个战术原则：三快一慢、一点两面、各个击破，如图 6-3 所示。

图 6-3　建立家长满意度的战术体系

二、以"三快一慢战术"实现家长决定入园

所谓三快一慢，是指邀约家长要快、回话答疑要快、逼单要快、冲动性消费要慢。

在招生过程中，对于家长，能够邀约的，要尽快邀约。这样做有两个好处：①先下手为强，这是真理；②先见家长，可以先行输入我们幼儿园的幼教价值观，这种思想上的先入为主，非常重要。

人生，第一次往往非常重要。对于家长来说，第一次在幼儿园接触简洁而系统的幼教价值观和理念，这是以后一切幼儿园出现在他们面前时，他们脑海中对标的标杆。所以说，邀约一定要快。

在邀约时一定要明确时间，比如三天以后来园。如果时间太长，中间容易出现意外，迟则生变，或者改主意，或者顺路去别的幼儿园，或者听了别人的意见。如果时间太短，因为现在家长太忙，往往手头都安排好了各种事情，就容易推托不来。再约，就会"招人烦"。一般来说，三天是比较合适的时间节点，是在不打扰家长时间安排情况下的最快节奏。

家长来园前一天，要再次和家长确定时间，防止有些家长犯懒、有些家长思想有异动。毕竟已经约好，幼儿园又打电话来确定，家长们也不再好意思推托。

在来之前，要打电话和家长沟通，比如到了附近怎么走、

哪里好停车、到了门口谁来接，这些事确定下来，让家长感觉很顺利，感觉幼儿园很认真，感觉受到了尊重，有一个好心情，否则一路堵车路怒，到了幼儿园又找不到车位，入园以后心情能好吗？

第二个快是回话答疑要快。通常，决定来园的家长，已经将幼儿园列入了候选范围，再加上入园后，幼儿园所做的一些工作，通常有 30% 左右的家长能够现场作决定。而另外一些，要回家后与家人商量，或者再对比一下。尤其是在其他园看到一些比较满意的特点，往往会打电话向我们幼儿园进行咨询。家长的疑问，通常分为三种。

（1）对于关于幼教的技术性问题，要提前就有预案、有话术，这属于我们的基础管理和理论基础的领域，这比拼的是内力。对家长提出的幼教技术问题迅速地作出满意的解答，能大大提升家长对幼儿园专业的认同度，进而提升满意度。

（2）对于课程安排类的问题，这就要求幼儿园内部提前制定方案，由园长统一领导，保教、后勤和招生各部门进行沟通、协调，这样才能应对家长涵盖了各个领域的提问。这考验的是幼儿园内部的管理问题。

（3）一些条件类的问题，特别是关于费用的问题，能够回复的立刻回复，不能回复的马上请求上级，在最短时间内回复。并且对家长说："我们非常重视您的问题，这是我们请示领导后的最大诚意。如果您满意，欢迎您送孩子入园，如果达不到您的期望，也请您抓紧咨询其他园，千万不要耽误您宝贵的时间。"这样做一方面杜绝了一些家长继续纠结的可能，另一方面也保持了一个相对的位势。

回答家长的疑问要快，最重要的一点，就是让家长感觉自己在这个过程中是被重视、被关怀的。毕竟没有一个人在进餐厅后是愿意接受无人理睬的，更何况，家长选择幼儿园，如果连家长都没有体验到被重视、被关怀的感觉，那孩子能体会到吗？这是个最基本的逻辑。

第三个快是逼单要快。如果发现家长继续犹豫不决，应果断进行最后逼单。这也许是面对摇摆的家长们最后的机会了。逼单这种事，其实万变不离其宗，就是营造既稀缺紧迫又有成就满足这两种对立又统一的氛围，很多专业从事销售的人员对此都特别有心得。

幼儿园里营造稀缺感最常用的方法就是说名额不多了，但是，这还不够完美。在实际工作中，幼儿园对家长不能说名额，要说什么呢？要说指标。指标能让人联想到什么？联想到稀缺性，联想到严肃性，年长一点的人，能想到计划经济买布、买煤、买自行车的指标；年轻一点的人，能联想到买房的指标、买车摇号的指标、积分落户的指标。

所以，要说："指标不多了，我们再提示您一下。"至于家长问："指标谁定的？"则不用太过于纠结，问这种问题的家长，基本可以考虑拉黑，否则入园以后也属于不安定因素。而且，一定要有时间节点，过期不候。如果不来，我们再在这些家长身上投入精力，边际效益会降低，通俗一点讲，就是不划算了，我们就要另辟战场。

但一味地紧逼往往适得其反，能够让家长决定入园的，最终只有一个，那就是我们是最适合他们的孩子的幼儿园。出于对孩子的准确判断，我们会在逼单的过程中，展现出另一面，比如我们会说：我们发现您的孩子的某些特质、优点和我们的哪些理念、哪些方法、哪些特色课程（可以根据情况详细说明）非常匹配，从我们幼儿园的角度出发，非常注重这样的孩子，您不妨再带孩子来看看，看他们是否喜欢我们的某些课程或活动等。

这让家长感觉到我们幼儿园能够看到孩子的闪光点，孩子入园后会受到幼儿园的重视，也让家长感觉到自己几年来对孩子的教育、引导与幼儿园的理念是匹配的，更让家长感觉到，这么多年，从胎教开始的种种付出有了回报，这种认同心理，可能就打开了家长决定入园的最后一扇门。

最后，还有一点要注意，就是冲动性消费要慢。不可否认，有一些家长属于感性的、冲动性的消费者。要区分这类家长，并不在于他决定入园的速度，而是在于他决定入园的因素。有些家长会因为喜欢某一个人、某一个场景、某一个名字、某一个老师而决定入园。对于这样的家长，我们当然不要拒绝，但也必须让他在入园前，理性地理解我们幼儿园的各种实际情况。

毕竟，一个家长不选择我们幼儿园很正常，而入园以后因为各种不认同而造成矛盾会非常麻烦，如果提出退园，影响也非常不好。这种情况，就需要招生的老师从对幼儿园整体利益负责的角度出发，去把握、去甄别。

上面是实现家长满意并决定入园的"三快一慢"的基本战术。在这个过程中，还有两个重要环节需要幼儿园特别注意。

第一，就是家长应约入园后，幼儿园如何让家长在入园的极短时间内实现最大限度的满意？ 这里有"一点两面"的战术可以应用。第二，就是从答疑到逼单这个环节，在此环节有"各个击破"的战术可以应用。

三、以"一点两面战术"应对单个家长到访

所谓一点，是指以家长为核心点。当家长进入幼儿园以后，要有专人陪同、专人解答家长的疑问。

首先，要让家长感觉到被尊重，这是起码的要求；其次，因为不同的家长的关注点不同，提出的问题总归是有差异的，需要特化的服务和针对性的解答。比如，若是爸爸来，所提的问题与妈妈提的问题，其差异会很大。所以，专人引导、专门服务于到访客户，随机应变，非常重要。

引导家长参观，通常会先从环境开始介绍，参观设计好的路线时，首先介绍场地面积，然后会看到一些比较有特色的地

方，如大型滑梯、小花园，此时就可以再将课程和环境结合在一起，讲幼儿园环境特别有特点，如果是花园式或是操场类的，要重点谈花园或操场带给小朋友最大的乐趣是什么，或者是孩子们日常在小花园里可以看到什么、学到什么，老师在介绍时，要尽可能地把孩子的特点和幼儿园的优势和劣势结合讲出。

当然，也不排斥适度的春秋笔法，比如，室外活动场地确实不大，那可以说如果活动场地太大，孩子容易离开老师的视线，容易出现安全问题。

两面中的一面是家长参观的动线设计，如各种展示、陈列、张贴等，有很多东西，不便于去讲的，或者来不及去讲的，可以通过展陈的方式来体现。

从展陈的角度，根据家长的情况，选取、布置一个视觉中心，从入园开始，引导家长进入一个事先设定的环境氛围，对于氛围是严肃型、学术型、国际化，还是生动活泼，要有一个基本的定调，这个定调也要根据家长的不同身份、不同背景，以及区分爸爸与妈妈来特定设计。毕竟人刚到一个陌生的环境时，第一印象的形成尤其重要。再通过张贴内容等，补充专人讲解的不足。

举个例子。比如，前阵子我看老照片，有一张人民公社时期的宣传画。这张画上，是人民公社大食堂的场景，大家收工以后，来到食堂，欢天喜地地吃饭，但是，并不是所有的内容都可以通过图像来表示，于是，作者又在画面的墙上加了一句告示：今天晚上每人加红烧肉二两！

这个例子有点夸张，但是这说明，在参观时的动线设计、陈列与相关的张贴内容，是家长除了专人讲解以外所能了解的另一面，而且这是家长用自己的眼睛了解幼儿园的一面，家长会觉得更真实、更客观，这个面非常重要。

特别是一些与平时保教工作不相关的领域，比如领导的关怀与指导、幼儿园承担的学术课题等，这些，如果只凭陪同人员讲解，未免太过枯燥，但如果不去讲解，那又会失去一些重大的卖点。

因此，通过展陈去体现幼儿园的一些优势非常重要。如果不重视这个面，那大可不必请家长来园参观，找个星巴克慢慢聊不好吗？

两面中的另一面，是一个暗示的面。什么是暗示呢？如果是明示，则是我们把想要家长了解的东西，直截了当地拿出来给家长看。那么暗示，就是通过营造系统性的氛围，让家长自然而然地形成一种固有的印象。

比如，我们通常会做的，在家长进园时极为严格的安检和防疫措施，进园后穿的鞋套，参观餐厅厨房时戴的帽子和口罩，等等。这些，都是在暗示我们管理的规范性。

其实暗示的内容远不止这些，从园长到保安，衣着的整洁、行为素质的职业化、一句不经意的对话、一个突如其来的电话的对话，都可以达到很强的暗示效果。普惠时代，家长的理性决定了家长会认真地思考幼儿园的每一个管理细节，这些，往往不是单纯的介绍或展示能够涵盖且能够让人相信的。

在短暂的现场参观过程中，我们必须通过针对性的暗示，展示我们的专业水平、职业素养、被其他家长追捧的程度，以及被上级领导重视的程度。大音希声，大象无形，这种暗示的印象，虽然只是看不见的手，但它摧毁人的心理防线于无形的能力，往往是其他方式无法匹敌的。

四、以"各个击破战术"应对家庭集体来园

当家长参观幼儿园结束，并且各种疑问都得到较为满意的回复之后，还会有一个重要的工作，那就是"组团参观"，也就是带着孩子，甚至夫妻共同带着孩子来幼儿园参观。一来看看孩子是否喜欢这里、是否喜欢这里的环境、是否喜欢这里的老师等。另外，通常妈妈们还希望爸爸们来作最后的决定。

走到这一步，可以说万里长征只差最后一步，但这最后一步，也是一座高耸的分水岭，一不小心，就会前功尽弃。

对于这种家庭集体活动，我们要遵循各个击破的原则。通常，在一个家庭，基本上会有三种不同的特性。一种是妈妈的感性、一种是爸爸的理性、一种是孩子的天性，这三种不同的特性，对幼儿园提出了三种不同的要求。

通常情况下，我们很难用一个活动、一个讲座去满足所有

人的所有需求，因此，各个击破是一个非常有效的方法。当然，有些幼儿园会让妈妈带孩子来一次，再给爸爸组织一下专题讲座，这是分开的活动，但也是各个击破的一种体现。

针对比较理性的爸爸，幼儿园尽可能地请能够找到的最权威的专家，进行集中的讲座。以专家讲为主，用幼教的专业性去征服男性家长。

通常男性家长关注的不是情感与细节，而是理念、实施方案，以及后续升学等关键环节的总体思路、实施过程和落地的可能性，这个时候，如果是男性家长来园听讲座，那就一定要认真对待，毕竟爸爸们虽然露面不多，但是社会阅历相对丰富，对于幼儿园的实力往往看得更透，这个时候，由专家、园长等核心团队组织的讲座，以及回答之后可能出现的提问会非常重要。

而且，这种回答与互动，一定要跳出传统的女性思维，跳出情感路线，回到幼教的本质。毕竟爸爸们是拥有否决权的，需要高度认真对待。

对于孩子，虽然往往是第一次入园，但这个时候，应该尽可能多地让孩子离开妈妈，和老师独处。如果条件允许，可以在妈妈视线以内，但又无法听清具体在说什么的距离上。这个时间，在与孩子互动的同时，要做一些引导性的工作。比如发现孩子喜欢什么，要引导：这是我们某某幼儿园的什么玩具，或者什么活动，你喜欢不喜欢某某幼儿园啊？等等。

如此反复几次，确定孩子能够说出喜欢某某幼儿园、喜欢某某活动、喜欢某某老师，方为成功。也可以采取赠送一些小礼品、小玩具的方法，但不要让家长感觉有强烈的导向性。

由于妈妈往往不是第一次来幼儿园，对幼儿园的一些情况已经比较熟悉，也比较满意，因此，对于妈妈要重点突出感情导向，使妈妈与老师或者中层的保教主任、后勤主任等，建立一种相对密切的关系，加深感情，让妈妈在情感上更加放心，感觉孩子入园后会得到一定的关照。

如果家中老人也一起到园，那对老人，要突出感情的沟通，倒水、让座要勤，嘴要甜，这是最重要的。

我们经常看到一些招生的讲座，说通过什么样的活动，可以让孩子开心或者让妈妈开心，甚至通过一些销售技法，让孩子来了还想再来，手段非常多。这些技术手段我们不是不可以采用，甚至我们都需要学习，毕竟没有最好，只有更好，但是，我们永远不能忽略的一点是：孩子的成长是一件家庭唯此为大的事情，这是一个家庭最重要的决策，没有之一。

所以，要通过尽可能少的次数，在尽可能短的时间内，让能够参与到家庭决策的每一个人都感到满意，这才是我们的初衷。基于对不同家庭成员的需求进行细分后的特殊的满足，我们才提出这个各个击破的战术原则。

上面是我们对形成家长满意，最终促进入园的一个建议思路，也就是三快一慢、一点两面、各个击破。当然，这只是为大家提供一个思路，具体的战术要根据各个幼儿园的实际情况来决定。但是有一点是明确的，那就是，形成家长满意绝不是一个战术动作就可以完成的，它依然是一个逻辑化的战术体系，这也就是我们一直在说的战术逻辑化。

第五节 三阶战术树立家长忠诚度

一、以"如履薄冰"的工作态度树立家长忠诚度

幼儿园对于孩子的服务不是一个一次性的交易，而是一个持续三年的服务。在这个过程中，服务的质量决定了家长对幼儿园的忠诚度，决定了家长是否会在这三年内始终如一地选择我们的幼儿园。

在招生阶段，一个家长不选择我们的幼儿园，那可能是出于各种因素，大家都能理解，但如果一个孩子中途转园，那会在家长之间引起不小的骚动，如果不能给出一个切实可信服的理由，那会造成很大的影响。

因此，幼儿园在实现孩子入园后，不能认为幼儿园的招生工作已经结束了，就可以高枕无忧了。须知，为孩子服务的每一天，都是幼儿园在为明天的收费做准备工作。只有打造家长的忠诚度，才能实现幼儿园期间的续费。那么，下面我们就来讲讲家长忠诚度的打造。

打造家长的忠诚度是个非常复杂、非常细碎的工作，但是仔细归纳起来，也离不开三大场景：①日常的工作；②日常问

题的处理；③重大危机的化解（见图6-4）。

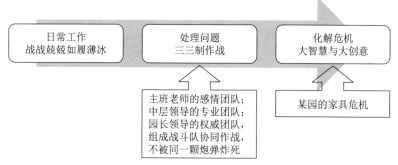

图6-4　打造家长忠诚度的三个场景

在第一个场景，也就是日常工作中，我们用这样一句话来概括，那就是：战战兢兢如履薄冰。幼儿园是一个高风险的单位，动辄数百个学龄前儿童在一起生活、学习、运动，各种磕碰、争斗、食品安全事故，乃至一些老师教态不好等问题，都会时常发生。

早些年，在我国整体的服务水平不高，整体的安全意识较差，在消费者是上帝的意识不强、维权意识不足的时代，幼儿园出现一些问题，往往能够低调处理，不至于引起轩然大波。

但是，随着我国法律法规的逐步健全，随着长期独生子女政策导致的家长对孩子教育的高度重视，也随着家长维权意识的提高，更随着自媒体的推广，一些很小的问题往往会被放大，小则在家长中传播，大则在社会上传播，不仅家长不满意，甚至会造成很不好的社会影响。即使幼儿园出现一些非责任事故，就是我们常说的"意外"，一些家长都会不依不饶。

比如，有一个小朋友去帮老师放东西，在这个过程中，孩子好动，就在原地跳了三下，结果自己摔倒了。老师立刻送往医院，但也在下巴上缝了三针，家长就非常不高兴。家长坚持说：我的孩子未来是要当空姐的，是要当空乘的，现在因为受了这个伤，孩子未来就要放弃很多选择，幼儿园要为此负责，为此进行索赔。

这是一个真实的案例，当时家长坚持要幼儿园赔偿 5 万元，后来经反复协商，最后赔偿了 5000 元。对于幼儿园来说，这已经算是非常好的处理结果了。

相信只要是在幼儿园工作过一段时间的人，对这种事一定不会陌生。如果再有人进行煽动、挑拨，那在家长群中，更不知会有什么反应，更不知将如何处理了。

这还只是一些事故层面的问题，如果再往微观领域说，还包括孩子在幼儿园玩得是否开心、与小朋友有没有矛盾、胃口好不好，甚至是公众号上孩子的照片是否比别人少了几张，等等，都会引起家长的关注，如果以上情况都是肯定的存在，那家长势必会产生不满。对于幼儿园来说，真是太难了！

因此，对于幼儿园的日常工作人员，我们就一句话——战战兢兢如履薄冰。

这个问题，严格说起来并不算是招生方法与战术，但是这个工作态度，对于家长是否满意我们幼儿园以及未来是否能够续费至关重要。

既然关系到收费，那也算是营销的重要组成部分了，至于如何战战兢兢，我想大家都有自己的感受，这里，我讲一个更极端的例子——幼儿园如果出了安全事故，影响很大，但通常不会影响生命安全，但是煤矿不一样。

矿工们在地下几百米甚至上千米采煤，环境阴暗、潮湿，随时会有各种危险出现。那么关于煤矿的安全管理，就是一分一秒都不能有丝毫懈怠，否则代价很可能就是一条条鲜活的生命。

大约十年前，我去河南一个民营煤矿调研。当时，正是国家对煤矿安全生产开始高度重视，社会舆论也对此极为敏感的时候，作为民营煤矿，更是处在风口浪尖之上。

而我去调研的这家煤矿，从 20 世纪 70 年代就开始开采，那时还是生产队的集体煤矿，后来几经改制，但一直就没有出过死人的重大安全事故。在 2000 年以后，在煤矿暴利，挖出煤就等于挖出钱的情况下，这家煤矿依然没有重大安全事故，这让我们非常好奇。

我们在对这家煤矿的安全副矿长做访谈时，本以为他们在管理上有什么高招，结果，他讲的内容让我大吃一惊。他首先给我讲如何去了解矿工的情况。先讲了几十个"不能下井"。

麦收时，家里有地的矿工不能下井，因为他可能下班回家帮家里收麦，疲劳过度，下井会有安全隐患；夫妻不和、吵过架的不能下井，因为情绪不好，容易有安全隐患，等等，一连列举了几十条，甚至头天晚上睡觉过晚的、晚上喝酒的、打牌输钱的都不可以下井。

我非常好奇地追问他怎么去落实这些呢？矿上几百名矿工，有很多还是外地来此打工的农民工，即使有本地的工人，人员流动性也很大，怎么可能掌握这些信息呢？他说，一方面就是要勤快，自己要深入基层，要尽可能多地去掌握每个矿工的思想动态、家庭情况、身体状况；另一方面，还要在基层建立有效的组织，要把所有矿工的情况涵盖进去，要对每个人建立资料档案。

对于每个人的情况，上级要做到如数家珍。除此之外，这位安全矿长几乎每天晚上都到矿场外面的夜市去看有哪些矿工在喝酒，哪些回去太晚，等等。

没想到他一上来就絮絮叨叨地说了这么多，没有我们当时想要的制度、流程、决策等内容。但是今天反思起来，也只有这种平实的作风、战战兢兢的心态，才能在最前沿、最基层行之有效，小心驶得万年船。我举的这个例子，也是由"战战兢兢"这几个字联想起来的过往经历。

幼儿园的这种基础管理工作，说到底，技术性是第二位的，责任心和态度才是第一位的。将心比心，家长是否满意，说到底，老师、幼儿园是否尽心，确实起到了很大作用。

二、以"三组一队"的战术组合应对日常危机

当然，完全的满意是不可能的，现实中总会有这样那样的问题。那么，面对家长的不满，怎么办？这个问题，很多有经验的园长、老师有很多办法。我们总结一下，在这种情况下，整个幼儿园首先从思想上高度重视家长的不满，在具体工作中，要将幼儿园的整个团队分成三个功能不同的战斗小组。

这包括以主班老师为核心的感情互动小组、以中层领导为主的专业核心小组、以园长领导为主的权威核心小组。这三个小组彼此配合，对不同的问题，分清主次进行处理。但是，三个小组不能同时处于一个问题的炮火之下，不能因为同一个问题，同时站在家长的对立面，导致产生不必要的矛盾。

比如，我们的主班老师是日常要和家长进行接触的一线工作人员，要及时地体察家长的各种情绪，特别是对于情感细腻的妈妈们，要从言谈中听出她们流露的想法。

如果发现家长对教育教学不满意，主班老师就要让这个孩子在各种活动中尽可能地往前站，多一些表演的机会，如C位、主角、舞蹈前排、大合唱前排等，增加孩子的曝光度，让教育教学更加显性化，化矛盾于无形之中。可以说，主班老师是第一线的战斗员，要用最细腻的感情与直觉，去与家长进行最直接的沟通。

如果说出现了一些一般的安全事故，这时以主班老师为核

心的感情互动小组就已经不能够胜任"灭火"的任务了，要第一时间安排保教主任作为主要的火力组，带着主班老师上门拜访。主班老师起到的作用是介绍，以及感情的感染。而专业的问题，要由以保教主任为核心的团队去谈。

谈话要达到三个目的，具体如下：

（1）道歉。

（2）把事故尽量定性为偶发事件，保持幼儿园在家长心中的专业度。

（3）达成具体的处理意见。

为了达到这三个目的，往往需要多次拜访，还需要携带一定礼物。通常，对于一般的事故，园长也要出面，但主要解决问题的是中层。园长在一般的事故中起到的作用，往往是代表幼儿园姿态，更多的是在口头上承诺、保证以后多关心，多给孩子机会，与家长在保教主任已经基本达成了共识并确定了解决方案的基础上，巩固与家长的感情。

当然，这也并不绝对，在特定时期，尤其是高风险时期，园长和保教主任的角色可以对调，以家长满意、事件不扩散为根本目的。

对于园长而言，除了在最重大的事件中冲在第一线以外，主要是远离火力点、掌控整个幼儿园的舆情、保证家长满意，等等。通常，这个工作通过掌控家委会来实现。首先要从家委会中选取一些与幼儿园、与园长意见一致的意见领袖，配合幼儿园和老师的日常工作。

对于家委，由园长出面，听取意见并引导方向，并且做必要的安抚。特别是对配合工作的家委的孩子，口头上承诺做一些工作委派或任命，甚至给予一些教育资源上的倾斜。

比如给家委的孩子多拍一些照片，多一些展示的机会，在园长进班、主任进班时，主班老师要把配合工作的家委的孩子多拍一些照片，发到群里，虽然家委都是免费的，但毕竟是家长中的意见领袖，有很大影响力，所以幼儿园可以在既不违反原则，也不使其他家长产生意见的前提下，给家委的孩子提供一些特殊的便利条件。

园长通过整个家委的工作，为主班老师的日常工作提供远程的火力支援，建立良好的合作关系，家委往往也会积极配合幼儿园的活动。

在一些核心问题上，可以让家委去提前知悉，在一些活动中，可以尽可能地让家委参与，既提高了幼儿园的开放度，打消了家长的疑虑（这点非常重要，后面我们还会讲一个很重要的案例），又能让家委为幼儿园的工作查漏补缺。

慢慢地，家委会有一种被信任的感觉，这种感觉会在家长群中慢慢传播，成为一种主流的感情。久而久之，家长就会对幼儿园的工作从听其言、观其行的谨慎，到理解、放心，再到支持，忠诚度就会逐渐建立起来。

从这个角度讲，由园长主导的家委工作，像是给幼儿园这一整台机器增加了润滑剂，让机器更好地运转，让这台机器的被服务者——家长——的体验感更好、更加满意。

这就是我们说的"三组一队"，从主班老师，到中层领导，再到园长，在整个幼儿园树立家长满意度的过程中分工与协作。通过这样一个战斗队形，实现家长满意，保证家长忠诚，最终实现持续续费。

但是，天有不测风云，幼儿园难免会遇到一些棘手的问题，甚至是危机。在这种情况下，就需要有关键的人物站出来。所谓关键时刻方显英雄本色，面对大的问题、危机，领导的智慧和临机处置能力就显得尤其重要。

通常，我们讲到这里，会举一些比较严重的事故的例子，看幼儿园怎么处理和应对，来化解危机，实现家长满意。但这种情况往往可以归结到幼儿园的危机处理、危机公关和舆情管理这个领域，与我们所讲的招生过程中的"家长满意"有一定的区别。所以，我们举一个比较特殊的例子。

在这个例子中，幼儿园本身没有任何错误，操作也非常规范，但最后却引起了轩然大波，这个例子值得大家仔细思考。

三、以"化危为机"的智慧担当应对重大事件

这个重大事件发生在一家非常正规且非常有背景的一线城市连锁幼儿园，因为比较敏感，就不提幼儿园的名字了，暂且

称之为 C 园。

这个事件发生在 2015 年左右，C 园是这个连锁幼儿园新办的幼儿园。因为这个连锁幼儿园办园非常正规，因此，在办园的第一年，虽然执照规定只招了小班，却是一次性地把小班、中班、大班的家具都买齐了。

这在国内是非常不容易的，因为一般新建的幼儿园，资金压力比较大，如果能把小、中、大三个班都招满最好，如果不能，只招小班，绝不会把家具一次买齐，那样资金压力太大。但这家幼儿园因为办园正规，所以完全按照要求，第一年只招小班，但是一次性配齐小、中、大班的所有家具，非常棒！

到第二年，小班该升中班时，却发生了意想不到的问题。因为当时正是我们国家雾霾问题最严重的几年，环境问题引起了大家的高度关注，恰恰又是那一年，国内几家学校曝出塑胶毒跑道、毒家具的问题。

所以，升班换家具这件事，就成了当时家长们关注的一个重点。因为其他事情容易忘，但当时开门就是雾霾，出门就要戴口罩，这总是不断地提醒家长注意家具的安全问题、环保问题。

而小班升中班，因为孩子们长高了，那么相应的家具也应该换，这是再正常不过的事。但是家长们就怀疑中班的家具是新买来的，怀疑会是毒家具，于是向幼儿园提出要求，说要继续使用小班的家具。

幼儿园当然不能答应这样无厘头的要求，孩子都长大了，怎么能用小班的家具呢？这种拒绝是完全合情合理的，并且告知家长，这些家具已经买来一年了，不会有问题。但是，家长们不相信。家长们的理由是，买来一年的家具，我们没见过。

所谓眼见为实，谁知道你们到底是什么时候买来的？即使是一年前买来的，你们没有晾晒，而是放在密闭的教室里，岂不是教室和家具都有毒。这时候，幼儿园又出示了购买家具的发票，出示了幼儿园投入使用前的环境检测报告。

幼儿园觉得，在这件事情上完全是家长多虑了，而自己又没做错，合情合理，所以就公事公办，家长问什么，幼儿园就出示相关的证据。但在家长看来，由于当时幼儿园的公信度较低，而幼儿园这种态度，分明就是"怼天怼地怼空气"，一副谁也不怕的态度，这就激怒了家长。

于是家长开始串联，认为幼儿园提供的家具发票、检测报告可能有假，毕竟这么大的连锁幼儿园，从哪里找不到一张去年的采购发票啊？至于检测报告，这东西，在当时有人信吗？

而幼儿园认为自己没错，也不能惯着家长的毛病，坚决不同意继续使用小班的家具，更何况，幼儿园只有一些女老师，让这些女老师楼上楼下地去搬本不应该搬的家具，老师的情绪也不好，因此老师也都集体站在了家长的对立面。于是，这件事就造成了双方的严重对立。

在这个时候，家长中的一些意见领袖，公开地站到了幼儿园的对立面，家长们也不再相信幼儿园的每一句话，你说你家具买了一年，一年前又没有中班，你们为什么要买？家长已经开始从人性本恶的角度来思考幼儿园的每一句话了。

终于，对抗开始升级，有家长开始写大字报。这个时候，家长中有一位记者非常有文采，开始写一些文章，发在当地的论坛里。在文中，列举了幼儿园的种种问题。大家想想，一个幼儿园在日常工作中，发生各种问题都是难免的，尤其是新园，需要各种磨合与适应，问题会更多一些。

如果不出大事，这些小问题也就没有人深究了，但如果刻意地去整理材料，将这些问题整理出来，再和所谓的毒家具事件结合起来，那问题就更严重了。更何况，这还是一家知名的连锁园，出了这种对立事件，更让人有种"店大欺客"的感觉。而那位记者又把教委的监管立场问题提了出来，让教委在处理问题的过程中畏手畏脚。

通过这一篇文章，从幼儿园到连锁集团，再到教委，都被拉下水，一石三鸟。

而家长们的要求也水涨船高，不仅要求不换家具，还要求把幼儿园的塑胶跑道铲除，认为有毒操场的可能。对于自己身边的事，当地居民非常关心，这个文章在当地的论坛上马上受到了追捧，不明真相的人在自媒体上转发，看热闹不嫌事大的人起哄架秧子，竞争者什么心态，以及有没有推波助澜那就更无从查证了。

事情发展到这一步，幼儿园全面认输，开除了应对不当的园长，把幼儿园的塑胶操场全部铲除，全体领导和员工一起，把小班家具搬到了新教室。这回家长满意了，但是幼儿园也采取了一定的反制措施。

第一，领头闹事的家长的孩子，全部劝退。这样，造成损失不说，这些家长也不会给幼儿园有什么好评。即使有些家长后悔了，也一定劝退。

第二，对于这个班的孩子和家长，幼儿园当然不会把最好的机会和资源给他们，只要让他们挑不出毛病就好。这样一来，就成了家长和幼儿园的双输。因为区位和条件的原因，有些闹事的家长还是比较认同这家连锁幼儿园的，于是个别家长又想办法，托关系，进了这家连锁幼儿园的其他园。

但集团得知后，又马上将其劝退，甚至连同允许他们重新入园的园长一并开除，可见这件事对于当事人双方，都是伤害，没有赢家。最关键的是，这件事本身没有任何意义，因为新老家具都没有任何问题，塑胶操场也没有任何问题，无论结果如何，都没有任何积极的和进步的意义。

这件事，反映出几个很深刻的问题。

（1）所谓幼儿园的工作，需要战战兢兢，如履薄冰，园长每天只是低头拿着放大镜找问题，这样做太片面了，园长更要抬头看天，要了解社会上的、周边的一些问题，以及这些问题可能会在幼儿园内的反响。

家长们对于家具、教室环境的关心和敏感，显然是幼儿园方面没有意料到的。但是，如果能够抬头看天，把握一下社会的舆论，看一看当时环保问题在社会上的高度敏感性，也许就能够理解家长的看似不正常的行为了。

（2）幼儿园始终是以一个声音、一个面孔出现在家长面前，严肃有余而灵活性不足。老师、中层和园长，在处理与家长的关系时，没有做到合理分工，结果就因为一个不信任，让所有的工作都失去了回旋的可能，可以说，这是主班老师的感情团队、中层的专业团队与园长的权威团队一起跳进了一个坑，因为距离过近，被一发炮弹全部消灭。

（3）园长作为这个事件的控盘者，缺少联系思考的能力。新幼儿园的各种问题的积累，是家长不满情绪的一个基础。而家具问题，只是一个导火索。这件事是一个新园各种矛盾不断积累，从量变到质量的一个转折。但是园长显然没有考虑到这一层。

（4）园长缺少控盘力，在家委会中，缺少基础，没有对舆情进行有利的引导。这次家长与幼儿园的尖锐对立问题，说明园长日常开展的家长忠诚度建设工作远远不够。不光在出了问题之后失控，而且在出问题之前都没有哪个家长对幼儿园进行过善意的提示，幼儿园连问题的苗头都没有发现。

（5）幼儿园缺少整体的危机公关预案。事情的转折点出现于记者的文章在社区论坛的发表时。

我们前面说过，在做幼儿园知晓度的工作时，就应该对周边的舆论平台有一个基本了解，就应该和这些论坛的管理者有一个有效的沟通，但是显然幼儿园平时没有做这些工作。而论坛呢，人气最重要，有了这样一篇文章，恨不得立刻将其置顶，谁去给你处理？谁会在第一时间通知你？

这个案例清楚地告诉我们，对于一个幼儿园来说，要做到家长满意以及家长在关键时刻的忠诚，园长是核心，是关键。我们之前说过，基础管理对于家长满意和忠诚的形成非常重要，但这些基础管理，通常也是由园长一手来抓的。

大海航行靠舵手，这话一点不假，在大危机、大问题面前，主要的领导确实需要大智慧、大担当与大创意。

这件事的影响非常大，以至于在 C 园的问题结束之后，余波又涉及同品牌另外几家幼儿园。但是其他幼儿园的处理能力就比较成熟，可圈可点。

比如，有一家幼儿园，在升班时，也有家长提出了类似的要求。其实这个园不是新园，家具都是老家具，不存在什么问题。但是偏偏就有家长提出这个要求。

按照一般思维，家长这种无理的要求肯定是要被驳回的。但在这个特殊时刻，这个园的园长敏锐地察觉到了其中潜在的风险，其采用的处理方法是值得表扬的。

（1）这位园长正面地回复了家长，表示理解家长的心情。毕竟在大的社会环境下，以及刚刚发生的事件，都难免会造成影响。

（2）表示小班的桌椅已经不符合孩子们的身高，继续使用，对发育不利。这是客观情况，大多数家长表示认可。

（3）说只有床是可以继续使用的，因为床在设计时余量比较大，这算是给家长找个台阶下。

（4）说了一下实际情况，幼儿园基本都是女教师，干这种搬运家具的体力活确实存在困难。如果有一些男性家长能够帮忙搬床，那这个床可以继续使用。

这一点，引起了妈妈们的认同。于是，一些男性的家委带头参加，很多爸爸们踊跃报名。幼儿园决定利用这个机会，搞一个特别有意义的升班仪式。

在开学的前一天，就是 7 月 31 日，由家长带着孩子来幼儿园搬床。以爸爸们为主，和老师一起把孩子们的小床搬到新教室。而妈妈们，还有一些爷爷奶奶们在一边维持秩序，孩子们在一边观看爸爸们和老师们的辛苦劳动——这也是一种特殊的教育，让孩子感受来自家长与老师的爱。

当时正值盛夏，爸爸们挥汗如雨，幼儿园把这个场景尽可能多地拍摄了下来。在第二天，也就是开学第一天，8 月 1 日，在升班仪式上，背景墙上放着爸爸们辛苦搬床的投影照片，由家长领着孩子，共同走过幼儿园用气球制作的拱形成长门进入新教室。而走过成长门的特殊时刻，也被拍了下来，发到公众号上。

通过园长的经验与谨慎，把这件事从一场两难的危机（萌芽），变成了一个特别有教育意义的活动，变成了家长非常满意的活动，这就是园长的智慧与担当的体现。

这个幼儿园在处理家具问题时，虽然发生在前一事件之后，已经有了思想上的重视，但是能够借力发力，化危为机，很值得表扬。这也从正面说明，在保证家长的持续忠诚的过程中，离不开园长的大智慧与大创意。有了这样的园长，家长还会给孩子转园吗？

第六节 在五种客户中打造幼儿园美誉度

一、在"千人千面"中寻找规律

在普惠时代，绝大多数幼儿园都要在小区域内深耕市场，和对手进行长期的、比拼内力式的竞争。这种情况下，如果说招生的战略战术决定了幼儿园的当下，那么幼儿园的美誉度则决定了幼儿园的未来。

前面我们无数次地提到，普惠时代幼儿园市场从感性市场转向理性市场，家长的口碑，口口相传，对于幼儿园的招生至关重要。下面我们就讲一下如何通过提升幼儿园在家长口中的美誉度，促进幼儿园当下的，乃至长期的招生。

大家都知道众口难调，哪怕幼儿园在招生过程中，已经做到了最精准的聚焦，针对最细分的市场去制定幼儿园的服务和特色，但家长依然是千人千面。一万个人有一万个哈姆雷特，几百个家长眼中的幼儿园也完全不一样。幼儿园如何尽可能地让已入园的家长满意，通过家长之口，实现幼儿园的美誉呢？

幼儿园虽然不可能针对每一个客户（家长与孩子）进行个

性化服务，但在日常工作中，幼儿园除尽心尽力以外，也一定
要继续去细分客户，细分得越精准，服务的效果就越好。虽然
幼儿园不可能像刀切木块一样，把客户分解成个体的原子状态，
但也要尽可能地找出其中主体的客户类型，有针对性地开展
工作。

以下是我们在实际工作中发现的五类比较典型的家长：共
生共赢型家长、荣誉导向型家长、利益敏感型家长、感情至上
型家长、理性专业型家长。以这五类家长为例，我们来讲一下，
幼儿园如何获得家长持续的美誉度，如图 6-5 所示。

图 6-5 五类家长的五种应对方案

根据这五类家长，或者说五类客户，我们制定了五类客户
的五种应对方案。

二、与共生共赢型家长高度绑定

幼儿园最常面对的是共生共赢型家长。毕竟，从孩子入园
的那一刻起，孩子的命运就牢牢地与这家幼儿园绑定在一起。

这类家长，相对来说是比较理智的。注意，我们说的是理智，不是理性。这一类家长，是通过自己的比对，选择了我们的幼儿园，因此，从本源上来说，他们对我们的幼儿园是满意的。

只要不出现什么破坏他满意度的事，他们基本不会改变自己的观点。这一类家长，明白自己的孩子和幼儿园的关系是荣辱与共的，他们希望幼儿园好，这样自己的孩子才能更好。

对于这类家长，在做好基础工作的前提下，可以在适度的情况下，向他坦诚地介绍一些幼儿园的情况，如果确实是一些难以克服的问题，在一定范围也可以向其说明。

这些家长，比谁都在意这个幼儿园好或不好，他们会非常努力地替幼儿园想办法，会从自己的角度、自己的专业出发，提出各种建设和方法，他们会在一些场合替幼儿园说明情况。如果幼儿园方面可以与之取得共情，那效果再好不过了。

这样的家长，有同情心，也多少会有一些悲天悯人的情怀，在家长群中还有一定威望和号召力。对于这一类家长，可以多发掘他们的正能量，或者说，由于利益一致导致的共赢心态，会让他们在很多场合提升幼儿园的美誉度，甚至会直接介绍生源。

我们也可以适度地向这些家长进行一些宣贯，布置一些家长可以完成的任务，这是共赢的体现。当然，对待这样的家长也要慎重，过多地利用也可能会让这样的家长在心里把幼儿园拉黑。

三、找到荣誉导向型家长的爽点

在幼儿园中，第二常见的是荣誉导向型的家长。

如果说荣誉是一个褒义词，那荣誉导向，在这里其实有一定的炫耀的意味。在我们身边，大家往往用炫耀的方式来体现荣誉。

大多数关注荣誉并且喜欢炫耀的人，多是缺乏自信、较为自卑的人。

我们扪心自问，在自己心中，是不是或多或少都有一些自卑心理呢？另有一些喜欢炫耀各种荣誉的人，他们有着一副渴求完美的心态并且自尊心很强烈。

还有一些喜欢炫耀的人，属于不满足现状，并且渴望得到更多关注，但是又没有能力去改变，即所谓缺乏成就感的人。对于很多家长来说，这三点，在自己身上其实兼而有之。

人到中年，已经知道了自己的卑微，哪怕小有所成，但看到的天会更大，所以自卑之心如影随形。而渴求上进、追求完美又有什么错呢？只不过现实过于残酷，往往是你刚刚重新燃起希望的欲火，就又被现实的一盆冷水浇灭。

所以，做人难，做中年人难，做为人父母的中年人格外难。这就不难理解，为什么那么多宝爸、宝妈喜欢在人前、喜欢在朋友圈去炫耀自己的孩子、去晒自己的孩子。

太多家长将自己没有的东西或一生的遗憾，都寄托在自己孩子身上，毕竟孩子是家长生命的延续。所以一旦孩子取得一些成绩，比自己做出很大的成就还要开心，真是白日放歌，欣喜欲狂。大家有没有这样的经历？以前回家，我总对妈妈说，不要在外边，对外人夸耀，现在，我也为人父母，也颇能理解她的心情了，随她去吧！

从幼儿园的角度来看，这种对孩子格外关注，对孩子格外敏感，喜欢展示孩子每一点进步、每一点成绩的家长，算是一大类单独的存在。他们比上一类家长少了些许理智，多了一份热情，也许有那么一点点虚荣，但依旧可爱、可贵。

所以这类家长的存在，也鞭策着我们，作为幼儿园，作为幼教工作者，要去发现孩子身上的每一个优点或每一个潜在的优点，把它们找出来、总结出来、展示出来。

对于这样的家长，幼儿园要体现出对孩子格外的关注与关爱，既然家长喜欢炫耀，那幼儿园是不是能够提供足够多的炫耀的素材呢？这些素材不是胡编乱造的，而是幼儿园真正从孩子身上找到的闪亮点，是幼儿园关注到的孩子的每一点进步，是幼儿园给孩子提供的每一个展示自己风采的机会。

这些，既是家长的所谓的虚荣，也是幼儿园工作中无数汗水汇成的河流。不积细流，无以成江海，要让这一类家长满意，获得他们的美誉度，幼儿园就需要格外努力，让孩子进步，让孩子闪亮。

对于这类家长来说，他们对幼儿园的配合度也非常高。如果幼儿园需要家长承担职务、参加活动，这类家长往往是最主动的那一类。就如同学校里最积极的班干部，参与各种活动，为幼儿园帮忙，都会非常认真。这类家长，因为最活跃，往往还是家长中的意见领袖，具有一定的号召力。

当然，凡事都有两面，这类家长往往也会吹毛求疵，会过分地关注幼儿园工作中的一些错误，也有一定的破坏力，需要慎重使用。

四、与利益敏感型家长和谐共赢

什么最难？挣钱最难。谁的钱都不是大风刮来的。所以，在和幼儿园打交道的过程中，也有一部分家长很看重利益。我曾经有一个朋友，以前曾在北京动物园批发市场做销售，这是北京以前一个非常著名的服装批发市场，后来这位朋友嫁了有钱人，成了全职太太。

这位朋友就是一位非常注重各种利益的人。不管去哪里，都会看看有没有打折或者拿提成的机会。比如，带孩子报学习班，她会问老板，如果我再介绍一些孩子来，能不能给我佣金？如果我介绍的孩子达到一定数量，能不能给我的孩子免费？

再比如，她去做美容，也会问老板，我要是介绍一些朋友来办卡，能不能给我免费？结果老板也非常干脆，说美容院可以给你免费，但你要分期使用。这样，她就成了这个美容院的老客户，为了一直免费做美容，就一直为这个美容院介绍客户。

在这位朋友的眼里，万事皆可拼缝。拼缝，不知道南方的朋友懂不懂，就类似中介挣钱一样。如果未经拼缝而直接消费，可能这个晚上她都要失眠！慢慢地，她成了一个小团队的领袖，她到一个地方消费，就会带着身边的很多中年妇女去那里消费，这也成了一种很特殊的微业态。

我所说的这个朋友，是我身边真实的朋友，我以她为例，就是想说明，这种家长在现实生活中是真实存在的，并且确实有一定的影响力和带动力。

这种家长会把利益看得很重，一定要找到优惠才能甘心，这就是传说中的"死道友不死贫道"，我不管幼儿园向别的家长收多少钱，我就是我，给幼儿园介绍了生源，幼儿园就必须给我钱、给我佣金。

在家长中，总会有一些家长，是各种妈妈群的小群主，或者身边能够聚集一些小伙伴，具有一点领袖力。

这些家长往往非常喜爱做这种工作。她们会以为大家服务为口号，顺便为自己谋取一点便利。当然，这也无可厚非。针对这种家长，幼儿园在政策允许的范围内（注意，一定是政策允许的范围内）给出各种返利、减免。

同时，园长、主班老师，尤其是园长，出于技术性的操作，要经常作出各种承诺，比如，一定多关照您的孩子，有什么机会一定优先给您的孩子，等等。不论管不管用，糖衣炮弹先要用足。许诺谁不会？大家想想，那个或者那些曾经许诺你一辈子的人，有多少诺言没有兑现？更何况工作。

用足这样的政策，这些家长会不遗余力地对外宣传幼儿园、表扬幼儿园，以提升幼儿园的美誉度。在东莞，我就曾经遇到一家加盟的托育中心，这个托育中心就是把这类家长用到极致的经典案例。这家托育中心，专门在各个小区里发展了一些比较注重利益，并且有一定影响力的家长。

托育中心给这些家长开出的条件是：只要家长介绍一定数量的孩子，她们的孩子就可以免费进入托育中心，如果还能继续介绍生源，托育中心就直接给这些家长发工资，而且这些家长还不用在托育中心上班，只要源源不断地介绍生源即可。所以这家托育中心满员率特别快，通常两个多月左右就能达到85%左右的满园率，效率极高，成本极低。

这个托育中心，就选址在东莞、顺德等流动人口比较多的城市，并选择相对偏僻的小区，在小区里开办托育中心，目前已经成为连锁托育中心，共有几十个班，满员率超高，而且师资配比很低，尽可能地共用老师，保健医护要兼任后勤，行政管理压根没有设置。

这家托育中心也从来不做广告、不搞各类推广活动，就是利用了周边一些家长趋利的心态来招生，把这个模式用到极致，效果非常好。从社会的角度上讲，这一模式也确实能低成本地满足当地很多低收入者、外来的务工人员的孩子的托育问题，实实在在地解决了现实的社会问题，这是多赢的结果。

更有甚者，我在广州遇到一个托育中心，这个托育中心几乎把托育搞成了金融模式。他们的模式是：家长要提前付费，付三年的托育费用。比如一次性付 10 万元（三年的费用），在托育中心上满三年之后，托育中心会将 10 万元返还给家长。

如果这个家长再介绍生源来，还可以返利。当然，这种模式只针对个别有意愿的家长，并不是针对所有家长。如果是针对所有家长，那可能就要踩到政策和法律的红线了。

这家托育中心是精选特定的家长，聚焦既有招生能力又比较在意经济收益，而且有一定影响力的家长。这样，这个托育中心在保证自己现金的周转的同时，也保证了关键意见领袖三年内的忠诚度和美誉度。这些家长至少会在三年内不停地对外宣传该托育中心，甚至会主动帮助招生、介绍生源。当然，这只是个案，并不鼓励大家去应用。

五、与感情至上型家长做真朋友

所谓感情至上型家长，就是比较注重感情、注重人与人之间的关系的家长。这类家长，有一些确实是关注人与人的感情的，还有一些家长，因为外部环境，也会对人情高度重视。往往是人情越复杂的环境下，大家越发不愿意撕破脸皮，互相之间，至少面子上要"过得去"。

大家都知道，中国是一个人情社会，尤其是在三、四线城市，甚至是在县城，所谓能力大小，并不是指一个人的专业技术和水平，而是看他在一个圈子里的人情关系，有什么样的人脉，能够通过人脉关系调动多少资源。但严格地理解，不只中国是一个人情社会，任何国家和地区都是人情社会，只是有程度之分、方法之别而已。

如果大家看过电影《教父》，那就能明白，当棺材店家的老板女儿被人欺负之后，老板找教父帮忙伸张正义，并主动给教父钱。但教父没有收钱，而是收了虚无缥缈的"人情"，在以后可能需要的时候，再让老板还上即可。

在中国，邻里之间、朋友之间、同事之间，甚至公司之间，有时也不依靠现金货币作为交易中介，而是依靠"人情"这种软通货。今天，我帮你一个忙，那相当于我给了你一份价值不固定的"人情"，将来在我需要你时，你再帮我一个忙，又相当于你给了我一份价值不固定的"人情"。如果我们准备以后不再互相来往，那就尽可能精确地估值"人情"，下次准确还上自己所欠的"人情"即可。

对于这类比较注重感情、比较注重沟通的家长，幼儿园必须与他们多交流、多独处，创造交流与独处的机会，让这类家长感觉到他与幼儿园之间的关系，是超过了普通买与卖的特殊关系，是未来长期存在，在特定时刻能够用得上的人情关系。

面对这类家长，老师、园长要尽可能单独地与之相处，从而成为他们的朋友。

这一类家长，对于熟人、朋友的依赖和信任高于理性，这一方面是感情的需求、人性的使然、社会的使然。另一方面，毕竟对他们来说，在幼教领域，幼儿园才是专业的，有了专业的朋友，那在这个领域，他们就可以放心了。

通过与这些家长朋友式的相处，幼儿园也可以得到很多信息，或者说，为了建立朋友关系，家长们和幼儿园都有必要"透露"一些"内幕"消息。

就比如之前讲过的毒家具事件。这个事件能够闹到这个程度，一定有一个发酵的过程。在这个发酵过程中，肯定会有无数可以挽回的机会。但是因为双方的不信任、不理解，一切公事公办，最后造成了双输的结果。

在这个事件中，幼儿园如果有一些注重感情的家长作为朋友，能够提前获得一些消息，事情可能根本就不会浮出水面，即使事情暴露了，如果双方能够以朋友的方式，以信任为基础，推心置腹地沟通，一切不就都化解于无形了吗？

所以，在人情社会中，幼儿园要获得美誉度，不仅仅要有专业的、严格的管理，更要有"人情"的一面，要有讲感情的一面，不论是在人才济济的一线城市，还是在讲圈子、讲关系的四、五线城市，都是如此。

六、比理性专业型家长更加专业

最后，我们说一下专业、理性型的家长。我有一个朋友，她是瑜伽教练。她曾经说过，做一个普通的瑜伽教练不难，并不需要教练对瑜伽有很高的专业水平，可以应付瑜伽新手即可。但做瑜伽教练，一定要有一个好的拍照手机，要会拍照、要会抓角度。

大部分女士来练瑜伽，其实时间并不长，她们往往很难长期坚持，很难将瑜伽作为终身的修行，她们往往也并不追求艺术，在练瑜伽的过程中，很大一部分时间是用在摆姿势拍照上，回去一定要发朋友圈，要与闺蜜分享。

以前有一段时间，我办公室对面，相距很近的另一个写字楼的同一楼层，正好是一个瑜伽馆，还有空中瑜伽。因为离得近，又是玻璃幕墙，所以看得非常清楚，尤其是晚上，一亮灯，简直是一目了然。

我看过现场场景，果真不假。每一个人上绳以后，教练都要去拍照，拍完后，甚至还要第一时间让学员看是否满意。整个练瑜伽的过程并不长，结束之后，就是很多人在那里分享、点评照片，这个时间却也不短。

而教练怕什么呢？怕男学员。我的朋友说，男士如果来练瑜伽，"那我们一般还真 hold 不住"。男士练瑜伽，要么对瑜伽的技术有非常高的要求，要么对瑜伽的流派非常讲究，要么会拉着你讲瑜伽背后的哲学，一般的女教练，真应付不了。

我说这个故事，是想说一下，存在一类以理性、专业为特点的家长，这类家长以爸爸居多。下面，我们就谈谈怎么提高幼儿园在理性专业型家长口中的美誉度的问题。

相对于妈妈，爸爸们和老师沟通得较少，跟园长沟通更少。除个别爸爸在参加一些活动时比较积极以外，经常到园刷存在感的爸爸非常少。一是因为工作忙，二是因为带孩子的毕竟是妈妈居多，三是因为幼儿园这种女性文化和爸爸们不太匹配。

但是，这并不意味着爸爸们对幼儿园没有看法，并不意味着没有人去问爸爸："你孩子上的那家幼儿园，你觉得怎么样？"这时爸爸的回复反而显得非常重要。贵人语重，也许爸爸会一针见血地提出一个致命的问题，对幼儿园会非常不利。因为我们在日常工作中，很少会站在爸爸的角度去考虑问题。

举个例子，在开家长会时经常有妈妈会说，幼儿园的亲子活动不够，家长对孩子在幼儿园的情况不了解（这是常见的事），尽管有一些职场妈妈会因为时间问题有不同意见，但从主流上讲，妈妈们是希望能多参加幼儿园的活动的。

但是爸爸们呢？有人问过爸爸们的意见吗？有一位爸爸就说过这样的话："家长把孩子送到幼儿园，首先是因为家长没有时间。毕竟家长也要工作。"所以，频繁的亲子活动，对于家长，尤其是对于爸爸来说，是非常反感的。

在爸爸眼中，什么样的幼儿园是好幼儿园呢？没有存在感的幼儿园才是好幼儿园。我已经花了钱，把孩子送到这所幼儿园，幼儿园还不让我安生，这还有天理吗？我把孩子送到幼儿园，不就是因为没时间吗？

要论家长的水平，现在家长拥有本科文凭的，在大城市几乎都是标配，在一线城市，硕士、博士也比比皆是。如果一定要比知识、比学识，老师比得过家长吗？从这个角度讲，我们就要反思幼儿园怎么去对待以爸爸为代表的这样的理性的，甚至是专业型的家长了。

针对这一类家长，我们要展示给他们的更多的是幼儿园理性的、专业的一面，是管理扎实的一面。对于各种节庆、活动，其自身的意义重于家长的情感因素。

当我们在公众号中发出一个充满美图、充满各种表情符号的文章并提出要组织活动时，焉知爸爸们是否会反感？这时我们是不是也要考虑，把这个活动的意义、价值，以及其在幼儿成长过程中的作用、地位写一写？把活动组织的规范、流程与标准介绍一下呢？

举个亲身经历的小案例：北京一家幼儿园，组织孩子们去位于丰台区的汽车博物馆参观，而且不需要家长陪同。这个活动，对于幼儿园来讲，重要的是如何组织活动，但更重要的是考虑家长们会不会反对，是考虑在参观之后如何体现这个活动的意义与价值。

对此，家长们的观点是不一样的。对于妈妈们来说，能在公众号上看到自己的宝宝的照片、视频，会非常高兴，但对于爸爸们呢？他们会关注在活动过程中，有没有人给孩子讲汽车的发展史？有没有人给孩子讲汽车发动机的原理？

老师们不是会用孩子的语言讲故事吗？那老师们能不能用孩子们听得懂的方式把这些科学知识讲出来？我相信，很多幼儿园是无法满足爸爸们的这些关注点的，甚至老师们也未必了解这些汽车发动机的原理。所以，在这里，我们除了老生常谈的一些管理显性化的建议之外，还要提一个现实的问题，就是幼儿园管理的男性化思维。

这个其实是幼教行业中的一个很严肃、很严重的问题，短期内似乎无解。但如果这个问题得到解决，不光在教育上对孩子的成长非常有好处，在幼儿园的美誉度上，至少爸爸们作为另一半的家长，会主动推荐我们的幼儿园。

还有一点，是工作中的一些经验之谈。作为一个资深的园长，我发现爸爸们与园长的沟通非常少，与老师的沟通反而比较多，也许是因为爸爸们认为幼儿园的工作没那么高深，找老师沟通就足矣，也许是因为园长通常年纪比较大，而爸爸们觉得不好沟通，这些都不得而知。

不过，既然爸爸们与老师沟通多，那么，解决幼儿园在爸爸们口中的美誉度这个工作，可以交给老师们来进行，具体怎么实施、怎么考核；这个大家就八仙过海——各显神通吧！

上面，我们把幼儿园的美誉度的管理进行了简单的梳理。

这个梳理工作就是按照我们习惯的工作方法，将家长细分，针对不同家长的不同特点去开展工作。希望能对大家有所借鉴。

七、三胎政策下依赖度最为重要

通过对幼儿园招生"五度"的分析，对于幼儿园招生的战术体系，在这里可以告一段落。但是随着近年来二胎、三胎政策的不断出台，在招生领域，幼儿园又遇到一个不大不小的新问题，那就是如何保持二孩、三孩的持续入园，也就是如何保证家长对幼儿园的依赖度。

当第一个孩子进入我们的幼儿园之后，家长是否还会把二孩、三孩送到我们的幼儿园？大多数情况下，出于方便，家长会选择两个孩子同在一家幼儿园。但是，如果一个孩子已经毕业离园，另一个孩子还会送到我们的幼儿园吗？这需要幼儿园认真思考。

因为第一个孩子入园时，家长还都是新手，对孩子的发展抱有无穷的期望和想象。他们试图理性对待问题，但难免会遇到一些新手遇到的共性问题，就是被一些感性的概念打动，甚至是被"忽悠"。

但是，到二孩入园时，家长已经从新手变成有经验的人，从"菜鸟"变成专家，对幼儿园已经有了几年的了解，已经对幼教的本质有所体会，已经放弃了很多不切实际的幻想，那么家长还会继续选择我们的幼儿园吗？如果家长不选择，坚决不选择，那其中一定有比较深刻的背景原因，通常已不太可能用一些技术性的方法来扭转了。

有一些幼儿园，在家长依赖度这一问题上做得非常好，比如位于北京望京的伊顿幼儿园。虽是民营园，这家蒙氏幼儿园的管理比较扎实，员工的流动性很低，该园就更多地利用了主班老师与家长的黏合度，来实现二孩、三孩家长对幼儿园的依赖度。因为该园的老师在园工作两年或三年的比比皆是，他们的稳定会使家长更有安全感。

慢慢地，老师与家长的沟通逐步加深，成为朋友，有的主班老师还会去探望那些怀孕即将临产的妈妈们，而这些妈妈们的孩子与这位老师一起学习并生活了三年，只要不出现太大的问题，这些妈妈都会觉得老师还是很辛苦的、很负责任的，因为她们没有可比性。

所以，经过了三年的磨合，只要不出现较大的问题，家长会对之前的老师越发信任，未来也会把自己的其他的孩子送到伊顿来。前文提到过，伊顿幼儿园是蒙氏集团园，对于老师而言，该园薪酬高、专业水平高，有较大的升职空间和完善的荣誉体系，所以，教师的稳定性远远高于普通民营园。

以上就是一个经典的由管理的稳定、规范带来教职员工的稳定，从而导致了老师与家长的关系的稳定，最终形成家长对幼儿园的依赖度的案例。

因此，可以这样说，幼儿园短期内招生比较容易，有很多技术方法可以采用，但对于二孩、三孩的家长，招生工作就成了比拼管理与教学的硬功夫，这已经超越了前面所提到的管理显性化的问题，因为对于这些家长而言，幼儿园的一切都是透明的。

本质上，家长对一个幼儿园的依赖，是幼儿园组织管理的一个最终结果，这是实打实的硬功夫，而非技巧。面对一个半年换一次主班老师，一年换一次园长，永远处于动荡中的幼儿园，家长一定会想：我当初选这家幼儿园，真是瞎了眼。再有二孩、三孩，绝无可能让他们再来这家幼儿园。家长对这家幼儿园的依赖度是不存在的，在别的家长面前，也不会对这家幼儿园有一点赞美之词。

所以，在二孩、三孩政策下，关于招生工作，我们还要考虑家长对幼儿园的依赖度。关于依赖度，我们最后总结一个词——水到渠成。

第七章

集中有限的资源，形成
最大的招生力度

第一节　特定时期，关键点只有一个

一、招生的资源永远不够

我们用很大的篇幅，讲了普惠时代幼儿园招生的背景、原则、战略、策略和战术的问题。这里，我们需要讲一个更为现实的问题，那就是招生资源的投放问题，换一句话，就是钱的问题。

办事，就要产生费用，就要花钱。在这里，首先要阐明一个基本观点，那就是对于幼儿园，甚至对于任何一个企业而言，缺陷运作是常态。企业有长处，也必有短板，企业要想发展，就一定是依托自己优势的能力和资源，去引领发展，从而带动短板的提升。

在这个过程中，所有的资源与能力——尤其是资金——都要实现最大化的应用。通过这样滚动的发展，才能实现企业（包括幼儿园）的发展。这是企业的效率高于行政单位和事业单位的基本逻辑。对于企业而言，当一切资源，尤其是资金都很充裕的时候，并不是缺陷不存在的时候，而是缺陷最大化的时候，这个缺陷就是没有最高效地使用资源。

这对于一个企业而言，是最致命的缺陷。对于幼儿园来说，也是同样道理，即我们不可能期望招生资源达到理想状态，我们永远要在有限的费用中，寻找最佳的方法，实现招生效果的最大化。而在普惠时代，这种状态尤其明显。

因为在普惠时代，幼儿园的定位发生了一个根本性的转变，就是从追求无限效益的利润中心，变成费用中心。所谓利润中心，就是在纯市场化背景下，幼儿园整体上是追求利润最大化的。

一方面，固然要控制成本；另一方面，幼儿园更倾向于通过持续的高投入，实现高质高价，最终追求利润最大化，甚至追求资本市场上的效益（特别是上市）。而在普惠之后，幼儿园的定位发生了根本性的改变，变成了在既定的费用下，尽可能多地实现招生，这就是从利润中心向费用中心的转变。

二、招生的模式就是招生资源的投放模式

招生固然需要费用，但普惠时代的招生费用相对恒定。那么，在普惠时代，既定的招生费用如何安排呢？这就涉及一个根本问题，即招生模式的问题。

何为招生模式？所谓招生模式，就是招生资源不同的投放组合方法。

在一切营销活动中，营销的费用问题，就是营销的费用在

渠道、队伍、客户三个方面如何分配的问题。在幼儿园的招生工作中，也是如此。

图 7-1 所示是一张常见的产品营销渠道的示意图。在这张图中，厂家的产品要销售给消费者，企业要有自己的销售队伍，而自己的销售队伍要去开发一级经销商，产品以出厂价卖给一级经销商，一级经销商在耗费一定的销售费用后，再把产品卖给二级经销商，在这个过程中，产品要加价，同样，二级经销商也要花费一定的费用去开发零售商，而零售商再加价卖给消费者（产品的使用者）。

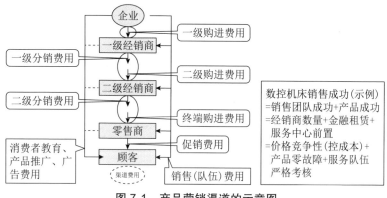

图 7-1　产品营销渠道的示意图

厂家为了推广产品，还需要做额外的推广、广告等活动，也要产生费用。那么，如果厂家把核心的资源投放到广告推广上，以广告轰炸的方式推广，消费者通过广告，已经非常信赖产品，那么渠道商，包括一级经销商、二级经销商和零售商的利润就相对要低一些，但是会通过销量去弥补。

反之,则是经销商的利润较高,但是经销商为推广产品而付出的成本也较高。厂家在费用既定的情况下,就只能把主要费用留给渠道,留给经销商。

如果厂家希望自建团队进行针对终端客户的全渠道销售,那么势必会将主要销售费用留给自己的销售团队,如果不是自建销售全渠道,那团队只需要耗费开发一级经销商的费用。如果企业还想再进行一些创新,如采用引入融资租赁等金融手段,那就必须给金融机构留足利润空间。

说这么多,就是想说明一点,那就是,一个企业,包括幼儿园,在销售自己的产品或服务(当然,服务也是一种产品,幼儿园的招生就是在销售自己的产品)的过程中,总费用是既定的,而可以采用的销售模式是多样的,我们选择一种模式,就要把有限的资源投放到这种模式的关键点上来。

具体到幼儿园来讲,招生模式也是可以选择的。幼儿园可以选择独立招生,也可以选择合作招生,还可以选择委托代理招生。可以主攻大客户招生,可以通过广告宣传来吸引生源。每一种模式,都有自己的关键点,都需要在关键点上进行资源投放。

如果独立招生,那就要给关键团队充分的时间和费用,当然,时间也是成本;如果是委托招生,那就要把一部分费用让给委托方,也就是渠道商;如果是用广告宣传招生,那费用就要向广告宣传上倾斜。

　　无论如何，费用不是无限的，而是既定的，我们必须有所取舍，把关键的费用投放到一个模式的关键点上，销售就像弹钢琴，在特定时期，关键环节永远只有一个，把销售费用集中于关键环节，可以取得业绩的突破。非关键环节的费用要降低到极致，省下来的就是利润。

第二节 以最重的拳，打最关键的点

一、集中有限的招生资源投放到关键点

那么，在招生的过程中，如何在既定的资源条件下，实现招生的力度最大化？如何在关键点上投放关键资源？如何围绕关键客户关注的关键价值点去投放资源，实现招生模式的最优化呢？

根据长期的实践，我认为，要实现这一目标，一个幼儿园要把握好四项工作，或者说，要进行四个关键步骤：核心价值上位、团队合作卡位、外部资源补位与关键客户归位（见图 7-2）。通过这四个关键步骤的实施，实现用最重的拳打最关键的点。

图 7-2 实现集中投放招生资源的四个步骤

二、核心价值上位与团队合作卡位

在投放招生资源的过程中，幼儿园要有市场导向，首先要知道客户中谁最重要，需要投放什么资源？

比如，幼儿园周边有一些机关单位或大型企业（并称大客户），如果这些大客户能起到决定性的作用，那么可以把幼儿园的招生资源整合起来，集中力量进行大客户公关，可能就能起到决定性的作用。

反之，如果周边都是老旧小区，都是爷爷奶奶在带孩子，那就要投入大量的资源，去做渠道的深耕，更加接近客户，宣贯幼儿园的优势，建立幼儿园的好口碑，实现家长的认同，实现小区里口口相传的美誉度。这就是所说的核心价值上位，让市场中最核心的价值上位，成为幼儿园投放资源的重点目标。

在找准关键客户之后，就要解决"谁是面对关键客户的关键点""谁是这个招生模式的关键点"的问题。或者说，在招生团队中谁最重要？一旦找到了这个最重要的团队的核心人员，那么，幼儿园就可以把有限的费用，以这个团队的核心人员为原点，进行分配。

当然，我们并不是说把招生的费用全部作为奖励给予招生团队或是核心人员，而是说，要在资源有限的条件下，让处于关键位势的团队，让直面最关键客户资源的团队，根据实际情况，提出分配招生费用、招生资源的建议方案。

以关键团队或核心人员为原点，去带动整个招生渠道，实现对最关键客户的把控，这是我们所谓的关键团队、核心团队的卡位。卡位，卡的是什么？卡的是关键客户，关键客户不能流失。怎么卡？从技术层面来讲，前文已经讲了很多，这里重点强调通过最关键的招生资源去卡位。

所谓关键资源有很多种，比如，幼儿园投资人的个人社会资源、招生费用、团队的全力配合，甚至是幼儿园为了关键客户而做出的在幼教服务上的特殊的努力，等等。总之，"黑猫白猫，让撸的就是好猫"，只要能够实现关键客户的卡位，幼儿园就要舍得投放关键资源，不管这个资源具体是什么。

再举一些真实的案例。

下面讲一个针对关键客户，在招生的关键领域投放资源的案例。这个案例，还是发生在广东中山。启思顿是一家与万科进行战略合作的高端连锁幼儿园，长期深耕广东市场，此前一直没有进入中山市场。

我们不去讲启思顿整个幼儿园的商业模式，只说这家幼儿园进入中山市场的操作方法，由此窥见如何在关键领域投放核心资源。

中山在广东属于三线城市，是一个存量市场，整体消费水平因为有当地的实体产业支撑，还是比较高的，但是幼儿园整体水平有待提高，这对于启思顿这样的幼儿园来说，是一个机会。几年前，启思顿进入中山时，在招生这件事上，就非常清晰地展示了在关键领域投放关键资源这个理念。

作为一家新开的幼儿园，启思顿并没有去做提高知名度的广告投放之类的工作，也没有去发软文，更没有到处去做地推。因为启思顿是什么，只要大家想查，在网络上自然能查到，家长在选择幼儿园时，自己动手去查一查，去了解这家幼儿园的背景是绝对能做得到的。在这个领域投放资源，在启思顿眼中，基本属于浪费。

启思顿在招生工作中做的第一件事，就是在中山富人区的商业中心的地下车库最显眼的位置上做了一个广告。只做一个广告。这个广告的作用，不是用于提升知名度，也不是用于提高知晓度，它的目的只有一个，就是做出客户的细分与区隔。

何出此言？在中山全市，一般消费者看不到启思顿任何广告，只有在这个富人商业中心的地下车库才能看到，这就明白无误地告诉那些有经济实力的家长，启思顿是高端的幼儿园，启思顿只服务有钱人。

而作为新园，启思顿既要建设师资队伍，又要招生，各种工作很烦琐，而启思顿则把二者统一了起来。这家幼儿园用相当于本地园长的薪酬，把当地大量的副园长、保教主任级别的老师招来做主班老师，这样，教学水平就有了保证。而这些人，能在当地的幼儿园做到中高层职位，必定有一定的人脉，甚至有一些生源基础。

通过高薪招聘这些幼儿园的中高层，启思顿其实就把这些中高层的生源也一并收入囊中。对这些老师们而言，他们给家长带来的是启思顿这样的当地顶级的幼儿园教育资源，对那些有高端需求的家长而言，启思顿提供了高端幼儿园的服务价值，而这些老师，不仅是启思顿高端服务的价值体现，更是家长与启思顿之间的桥梁，正是通过本地的成熟的老师团队，实现了高端幼教需求和启思顿幼儿园的供需匹配。

对于启思顿而言，他们的高薪，不仅提升了师资，补足了资源，更是让这些高薪酬的成本，直接转化成了招生的能力，毕竟，老师是相对聚焦的小圈子，对于启思顿这样的新园，找老师，要比到市场上撒网招生容易得多。

同时，这些老师还把当地的各种教育机构介绍给启思顿，形成了一个高端定位、优质师资、优质生源加体现优质外部资源的完美组合。

我们可以看到，在这个过程中，启思顿并没有去大张旗鼓地做招生，在保持了一丝神秘感、高端感的同时，在非必要领域极大地节省了开支，用有限的费用，同时实现了聚集最有价值的客户、最有能力的团队以及树立最高端的品牌的三重目标。

这种聚焦的资源投放模式，可以说是我们所提倡的围绕关键客户关注的关键价值点去投放资源的一个非常好的注解。

三、外部资源补位与关键客户归位

而外部资源补位，则是为了实现幼儿园的招生目标、抓住幼儿园的关键客户。另外还需要引进、整合外部的哪些资源呢？内外又如何实现协同互动？自然是关键客户归位。

我们既然说关键客户，那就一定不是全部的客户。关键客户或者是生源较多，能够解决幼儿园招生的绝大部分市场问题，或者是具有品牌效应。比如，幼儿园能够成为政府机关或某著名企业的定点幼儿园，那这家幼儿园对于其他家长的吸引力会非常强。

所以，幼儿园在招生资源投放的过程中要高度关注关键客户的需求，要考虑通过什么样的方式，在满足关键客户需求的同时让关键客户有更多的获得感。有了获得感才有满足感，有了满足感，才能借助其关键客户的身份对外产生影响，带动解决幼儿园招生的整体问题。

针对关键客户的关注点去补足资源的案例非常多。我们这里讲一个北京的案例，这是某幼教集团针对京东而定制的一家特色幼儿园。

我们不讲这家幼教集团如何成功地争取到为京东开办定制的特色园的机会的过程，只讲这家幼教集团在开办定制园后，针对京东的特殊需求所采取的措施。这家幼儿园针对京东大客户，引进大量定制化的课程，在时间、服务上也都做了相应的调整。

就引进课程而言，一般来说，现在的幼儿园只要有一个简

单的机器人课，就足够满足家长对机器人课程的需求了，但是
这家幼儿园为了满足京东在这个领域的特殊需求，不仅把国内
主流的机器人课程、编程课程统一地去研究、去比选了一遍，
甚至还把很多处于创业阶段的、有特色的机器人和编程，甚至
是人工智能的课程都拿来比选。

虽然最终能选中的只是少数，但这极大地满足了京东员工
对机器人、对人工智能、对编程等课程的特殊需求。这家幼儿
园在特色课程的选择上的巨大投入值得我们在此特意提及，那
就是针对关键客户的关键需求，幼儿园就是要用霹雳手段去满
足。只有这样，才能针对关键客户实现最佳的效果。

试想一下，我们前面提到的北京驼房营的那家低端幼儿园，
如果它能够清楚地认识自己的能力和资源，坚持自己的定位，
把为农民工的服务做到最优，在现在的普惠政策下，这家幼儿
园很可能就进入了政府的视野，成为了普惠园。对驼房营这家
幼儿园来说，普惠不是降维，而是升级。

对于前文提到的榕树国学幼儿园来说，如果能够对周边市
场的商户做一定的定制化服务，那很可能就保住了自己的基本
盘，至少能坚持到普惠政策，能够享受一下雨露均沾。

所以，我们在这里再强调一下，无论幼儿园采用什么样的
商业模式、招生模式，都要牢记：在关键点集中投放资源永远
是最重要的。这就是集中优势力量，在局部形成绝对优势，打
歼灭战！

第三节　人是关键，士气为重

一、一切工作都要归结于人

前面我们讲了政策大势，讲了决策的方法，讲了战略、策略和战术，也讲了招生的资源投放，那么最后，我要讲一下人的问题。毕竟，事情都是人在做。对于招生，我们必须要认清一点：中国人永远活在希望中，员工如此，合作方如此，幼儿园的女员工尤其如此。

招生是一场比拼内力和技巧的战争，它是靠人来完成的，那么，人的士气，就是这个工作的最基本的保证。

很多幼儿园对于员工的士气的提升，有两种极端的看法：①浇灌鸡汤，通过各种团建活动、培训学习，让员工觉得不努力工作，枉来世上，这种模式在规模较大的集团幼儿园中较为常见；②重奖重罚，所谓千金在前，猛虎在后，招生好了，一切好谈，招生不好，卷铺盖走人，这种模式在单体园中，尤其是在民营单位园中，针对园长等幼儿园高层非常常见。

但是，招生是个非常复杂的工作，人更是个非常复杂的构成，人的士气，远非一两种手段就可以提升的。例如，北京某著名的集团幼儿园，为了提高幼儿园高层，尤其是园长们的工作积极性，每年都会组织培训。2021 年，市场上关于阳明心学的培训异军突起，于是，这家幼儿园就组织集团高管和园长到贵州龙场（阳明心学形成的重要城市）参加阳明心学培训。

组织这样的一次培训，从交通、后勤，到聘请培训师，费用不低，但是，会对集团的工作带来什么样的提升呢？阳明心学，是晚明特殊政治背景下，皇权与江南地主阶段的矛盾达到一个全新高度的情况下，儒家为了在新的环境下自我诠释而产生的一种新学说，只不过它是由王阳明提出的而已。

在当时的背景下，即使没有王阳明，也会有于阳明、韩阳明来提出一个新的学说，因为，当时的政治环境需要这样一种学说。对于这样一种学说，没有深刻的国学功底、儒学功底、历史功底，以及长期的研究、感悟，是很难掌握其精髓的，想在实践中应用，那更无可能。

甚至可以说，阳明心学是儒家各个学派中最难以把握、难以应用的学问。参加培训的高管、园长们，不必说从未读过儒学、明史（《明史》《明实录》等）的经典著作，便是通俗版的《明朝那些事儿》也未必有几人读过。

以此知识储备，想通过一个周末的培训（必定是占用节假日时间，而非工作时间）就达到了解、掌握，并且深入人心、学以致用，甚至是内化于心、外化于行，让这些园长在工作中宛如吃过千年山参的须子，为招生而忘我，那纯属痴心妄想。

讲了一些当前在提升员工士气方面的小案例后，让我们回归理性。对于一家幼儿园来说，在招生这个工作中，人的士气，通常受两个方面的因素影响：①外在的竞争性；②内在的有效性（见图 7-3）。本书之重点，在于普惠时代招生工作的趋势、战略、策略及战术。此部分内容已涉及幼儿园的人力资源管理的领域，故只进行简略阐述，以保持本书的逻辑完整。

成败关键	外在竞争性	幼儿园的行业地位
		幼儿园的竞争方式
		幼儿园的客户关系
	内在有效性 突破职能性瓶颈 解决结构性障碍	决策体系的有效性
		运行体系的有效性
		激励体系的有效性

图 7-3　决定幼儿园招生工作士气的关键

二、招生工作的外在竞争性

首先是幼儿园的行业地位。一个头部的幼儿园和一个腰部的幼儿园，其领导、员工的士气一定截然不同，甚至气场都不一样。

我们常说，一个海底捞的服务员，在海底捞的餐厅中可以做出有求必应、嘘寒问暖、无微不至的服务，甚至能把服务做成企业的特色文化。但这个员工如果换到一个街边的沙县小吃或黄焖鸡米饭等小餐馆工作，除非是他自己创业当老板，否则断然不会做出海底捞式的服务。

所以，对于幼儿园来说，不断提高管理的正规化水平，给员工塑造大厂的气质，让这种气场自然地流露，也许是最好的办法。毕竟钱可以包装一个土豪，无法包装一个贵族。

其次是幼儿园的竞争方式。幼儿园的招生如同打仗，在有勇有谋的将军的领导下，每战必胜，那团队的士气必然高涨。在现实的招生中，一个幼儿园是被动地应对竞争者，还是主动出招；是有创新的思路，还是如同无头苍蝇一样想起什么是什么，其员工的士气是截然不同的。

往往一个幼儿园的投资人没有清晰的招生战略、策略时，全园上下都无所适从。

大家都喜欢跟着有办法、有思路的领导打巧仗、打胜仗。领导在招生过程中能够提出明确的竞争方式，并且让员工清楚地领会到领导的总体思路，这将能极大地提升员工的士气。红军在两万五千里长征中，为什么能够坚持下来，到达延安？

因为"星星之火，可以燎原"的思想是深入人心的。否则，在茫茫草地上，在皑皑雪山上，谁能坚持？再积极向上的员工，也需要方式、方法的指导。我们中国人是勤奋的，员工怕的不是困难，而是"茫茫前路无归处，暮雨西风江上舟"般的茫然。

最后是幼儿园的客户关系。一个管理基础扎实、口碑良好的幼儿园，必然受到已入园家长的表扬，受到潜在客户的追捧。这种情况下，员工是带着自豪和成就感在工作的，这样的员工，甚至可以刺激多巴胺的分泌，让人越工作越快乐。

反之，如果一个园丑闻不断，那在招生时面对的必定都是各种质疑，为之前的种种问题去善后。工作没有成绩已然让人很郁闷，为之前不知道是谁犯下的错误买单，尤其让人气愤。试想，在这两种不同的情况下，员工的士气能一样吗？

三、招生工作的内在有效性

（1）决策体系的有效性。我们说过，招生是一场战斗，除了对外的战略、策略和战术外，内在的信息表达、决策模式都会影响士气。在招生过程中，有领导者的运筹帷幄、有业务团队的冲锋向前、有服务团队的兢兢业业，必然会提高大家的士气。

在这一过程中，大家都有自己的想法、有自己的信息、有自己的诉求，怎样汇集这些想法、信息和诉求，来制定切实有效的战略策略和战术？哪些信息可以用来供决策参考？决策都参考哪些信息？决策的方式是什么？这些，对于执行招生工作的人员士气，是非常有影响的。

当上下信息不对称，招生一线的实际信息得不到重视，基层工作的声音被忽视，甚至根本无从表达的时候；当决策无法及时地面对和解决新的问题、新的挑战的时候，员工就会选择将这些问题自动屏蔽，任由问题发展，久而久之，员工将会越来越懈怠，混日子的情况就越来越多。

所以，信息正常的、良性的流通，以及公开的、明确的决策方法和决策体系，看似与招生工作不相关，但在实际工作中，往往会对士气产生极大的影响。

（2）运行体系的有效性。我们在前面无数次地提到，普惠时代，在幼儿教育趋向于理性消费的背景下，招生将是一场涉及幼儿园所有部门的工作。每一个部门，每一个岗位，都要从各自分工的角度出发，参与招生，这本质上是全员营销。

但如果运营体系的设计出现问题，如一些部门的制度、职责不支撑招生的工作，一些管理流程效率低，甚至走不通，一些信息传递不顺畅，那这种情况下，招生人员会感觉自己是一个人在战斗，却要拖着一个幼儿园的负担，不但没有士气，还会有人员流失的可能。

（3）激励体系的有效性。其中又包括三个层面：一是激励是否足够。这个好理解，要想马儿跑，必给马吃草。幼儿园的工作人员以女性为主，现实的刺激、不断的鼓励和小的惊喜都能对士气起到非常好的提升。

二是激励是否能够全面覆盖。我们说，招生是一个全园的工作，那么未来的招生工作如何实现正向激励呢？并不是说只有直接面对家长答疑的责任人是招生人员，其他员工就与招生无关。组织一场招生工作、接待一次家长的参观，虽然直接出面的人员有限，但在活动背后，各个部门的员工，都要以招生为导向来指导自己的工作。

因此，必须把各个部门为招生工作而付出的劳动提升到价值认同的高度，要做出明确的说明，让大家知道招生的激励是如何与全员相关的，这是普惠时代幼儿园管理者要考虑的问题，否则，招生将永远是少数人在奋斗，多数人在旁观。

三是激励的方式与方法。年轻人需要钱，也需要向上的空间，中高层的诉求与年轻人显然不完全一样，有人想要期股、期权，有人想要向专业领域发展，有人想让上级放手、放权，还有人只想踏踏实实混到退休。那我们的激励政策就要与这些人的诉求相匹配，这也是要考虑的问题。简单的一句"招生满员奖金多少，达到90%奖励多少"等并不能解决问题。我想要一只猫，你却给我一个梨，这就好笑了。

我们讲招生的内在有效性，就是要突破传统的以教育教学为核心的职能瓶颈，幼儿园不仅是一个教育机构，更是一个市场主体，我们的幼儿园要针对自己的市场行为，去打破原有的职能瓶颈、解决职能性障碍，让幼儿园在市场竞争中，能以一个整体的形式良好地运营和面对市场。

幼儿园从投资人的角度，就是要明确一个概念：个人打不过团队，要素打不过系统。只有解决了内在有效性和外在竞争性，才能让幼儿园这个机器在招生领域转动起来，让每一个老师、员工在自己的岗位上发挥出自己的招生职能，让招生活动的触角，延伸到最前沿，并将最前沿的信息传递给每一个部门、员工，从而实现招生的整体性。

幼儿园的投资人尤其要明确，在招生过程中，必要的投入是不可避免的。虽然普惠时代收费趋同，但是仍然存在一定的高下之分。且除了正常的收费，幼儿园一般还有其他的利润来源，这些利润通常与收费水平成正比。那么，幼儿园与最高收费之间的价差，与利润最高的幼儿园之间的利差，就是我们提升的空间，也为适度的投入提供了可能。

后 记

作为一个从事幼教行业三十多年的老兵，我目睹、亲身经历了数十年来幼儿园行业的云卷云舒。在中华民族伟大复兴的潮流中，纵使个人之小我几经沧桑，但看到幼儿园行业回归初心，走向普惠，不胜欣然。

现代宇宙航行学的奠基人康斯坦丁·齐奥尔科夫斯基曾说过："地球是人类的摇篮，但人类不会永远生活在摇篮里。"没错，人类的目标是宇宙星辰，但谁也无法否认人类的摇篮——地球——同样丰富多彩、复杂矛盾。

虽然每个孩子最终会离开幼儿园，走向社会，走向大海星辰，但只要身处其中，任谁也无法否认幼儿园的工作同样是多样细致和纷繁复杂的，而普惠时代，尤其如此。所以，欣然之余，也不由感慨，幼儿园行业，确实是一个小中见大且蕴含着无尽智慧与哲学的行业。

在普惠时代，幼儿园的领导者，要有道家顺势而为的智慧，以流水不争先，却滔滔不绝的强度，去推动新时期幼儿园整体战略的转型；要有儒家修身悟道的态度，从焦躁的市场回归，实现礼义归心，打造园所、员工与家长的和睦融洽；要有法家变革明法的决心，对传统的组织、流程、模式进行变革再造，以应变图强；要有墨家道技合一的思想，狠抓管理、狠练内功，实现能力提升，以管理精术；还要有纵横家的眼光与能力，在新时期的全新价值取向的背景下，重整各类资源，实现合纵连横，最终在市场上发力。

而普惠时代的招生工作，仅仅是上述道、儒、法、墨、纵横思想共同作用、共同推动的结果。

之所以选取招生作为本书的主题，是因为招生是一扇窗，对于绝大多数幼儿园投资人、幼儿园领导来说，这扇窗外的风景，往往意味着一个美丽的世界。所以，我往往会选择第一个去推开这扇窗。但窗外风景究竟如何？五彩世界也并非尽是鲜艳的花朵，也可能是致幻的毒菌。

在我看来，普惠时代的招生与早先的时代相比，可谓天翻地覆，可能颠覆很多同人传统的价值观，也可能让很多以此为业的老师、专家的优势与技能归零。

是否要勇敢地推开这扇窗？所谓天使不敢走的路，傻子会一路冲过去。为了已经奉献一生的幼教事业，为了无数投资人与同人的辛勤付出，更为了无数孩子和家长的期待，我觉得，有必要把多年以来对招生的理解与感悟一一道出。

非常感谢大家坚持阅读，我希望，这是我工作的一小步，却能帮助客户发展一大步。我是韩园长，一个从事幼教行业三十年的老兵，我们下个专题再见。